新聞を活用して深い学びを

「新聞で授業が変わる　学習指導要領に沿って　NIE ガイドブック中学校編」を手に取っていただき、ありがとうございます。

2021 年度から中学校で実施されている学習指導要領では、新聞の活用が「総則」に明記されています。「主体的・対話的で深い学び」をキーワードに、子供が自分の力で人生を切り開くため、社会に興味を持ち関わることの重要性を説いています。

学習指導要領が求める深い学びを実現するのがNIEです。ぜひご活用ください。

このガイドブックの特徴

① 学習指導要領に沿った各教科・領域の実践例

実践経験豊かな先生が簡潔にまとめた授業計画と板書計画を掲載

②「主体的・対話的で深い学び」を重視

実践例が「主体的」「対話的」「深い学び」の何に重点が置かれているのか一目で分かるようワッペンを記載

③「NIE タイム」の紹介

新聞をまるごと読んで無理なく確実に子供を伸ばす「NIE タイム」について、新聞協会の関口修司 NIE コーディネーターが執筆

NIE について詳しく知りたい方は、新聞協会の NIE ウェブサイト（https://nie.jp/）をご覧ください。新聞を活用した授業の実践例、記者らが新聞のつくり方や取材にまつわる話などを解説する「出前授業」、新聞各社による学校向けのワークシート教材も紹介しています。

横浜市にある体験型ミュージアム「ニュースパーク（日本新聞博物館）」では、歴史と現代の両面から、確かな情報を見極める力の大切さと、情報社会や新聞、ジャーナリズムの役割について学べます。そのまま授業で使える新聞記事・図書資料のセット「新聞博物館学習キット（新博キット）」の貸し出しや、教室や家庭で新聞について学べる「ニュースパーク学習動画」の公開もしています。

新聞のしくみを知ろう！

時間がない人こそ新聞で情報収集！

新聞の大きな特長は一覧性です。紙面全体が見られるので、一通りページをめくって眺めるだけで、必要なことがざっと分かるようにつくられています。

そのための工夫が見出しです。見出しは10文字程度で記事の内容を伝えるための、究極の「要約」と言えます。見出しを読むだけで、何があったか分かるようにできています。また、見出しは新聞社が重要だと思う順に大きくなります。時間がなければ、見出しを読むだけでも、大体の世の中の動きが分かります。最初は、興味のある面の見出しを中心に読んでみるのも手です。読み続けるうちに、興味関心は広がるものです。最初からすべてを読もうとしなくてもよいのです。

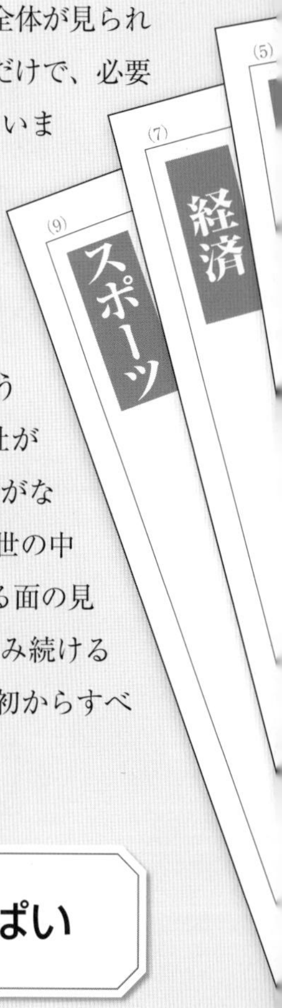

新聞記事は工夫がいっぱい

新聞記事の文章も時短のための工夫が詰まっています。まずは、リード（前文）。トップ記事など、大きなニュースには、本文の前に記事のポイントをまとめたリードが掲載されます。見出しとリードを読めば、記事の概要が分かるようになっています。また、ほとんどの記事は、大事な内容から先に書く「逆三角形」のスタイルでできています。時間がなければ、記事の終盤は読み飛ばしても構いません。

新聞記事には写真や図表、グラフなどを組み合わせたものも多くあります。記事の内容をより分かりやすく伝えるための工夫です。連続型テキスト（文章）と非連続型テキスト（写真や図表などの資料）を関連付けて読む力をつける上で、新聞は格好の教材と言えるでしょう。

ページ
新聞の面ごとにページ数が書いてある

版
新聞は配達地域によって内容が変わり、版も切り替わる。印刷所に近い版ほど新しいニュースが入る

第3種郵便物
毎日発行する新聞は、第3種郵便物として認可されており、通常より郵便料金が安い

カット見出し
見出しを強調する時に使う。色々な種類の模様がある

発行日
新聞が発行された日付

号数
創刊（1号）から、その日の新聞までの通し番号

コピーライト
著作権がその新聞社にあることを示す

題字（題号）
新聞の名前

主見出し

袖（そで）見出し

前文（リード）
トップ記事など長い文章の場合、ポイントを短くまとめることが多い。多くは段組みになっている

トップ記事
その日に一番大きく伝えたいニュース。新聞社ではアタマ記事とも言う。記事はおおむね新聞社が重要だと思う順に右→左、上→下に並んでおり、左上が次に伝えたい準トップ記事（カタ記事）になる

インデックス
1面以外に載っているおすすめ記事の要約とページ番号。気になる記事があれば、そこから読んでもよい

コラム
世の中の出来事や話題を扱った文章。記者の意見や感想が含まれる

NIE
タイム

授業以外のすきま時間（課外）で主体的に新聞を読む生徒を育てる

新聞はできれば、まるごと読ませたいものです。まるごと読むことで子供は、世の中のさまざまな出来事がつながっていて、多面的・多角的な見方・考え方があることに気付きます。また、論理的・実用的な文章から文学まで、多様な文章に接することで、読む力を育みます。新聞を読み、知識や理解が点から線、線から面に広がる、学びの楽しさを実感させましょう。

「NIEタイム」で新聞スクラップ

新聞を授業以外で活用する代表といえば、「NIE タイム」です。この学習活動は、朝読書のような授業以外の課外で活用するものです。週に1回程度、授業とは別の時間に行います。例えば、毎週水曜日の朝8時30分から15分間、取り組みます。主な活動は、各人が新聞から興味関心のある記事を選び、それを切り取り、台紙やノートに貼り付け、要約や感想・意見などを書く新聞スクラップです。

「新聞は難しい」と言っている生徒のほとんどが、新聞をきちんと読んだことがありませんでした。確かに難しい記事もありますが、読んでみると意外と分かりやすいことに気付きます。案ずるより産むがやすし。まずはチャレンジを。新聞には多くの面（ページ）があり、多様な視点から世の中のことが記事になっています。1面から、総合、国際、政治、経済、社会へと面をめくるうちに、興味・関心のある記事と出合うはずです。

記事への感想・意見は、最初から長く書かせる必要はありません。一言から始まり、記事を選んだ理由や感想、関連する体験と出来事を加えていくと、説得力が増していきます。週1回の実施なら3か月程度で量・内容ともに着実に伸びます。生徒が成長を自覚すれば、読解力、文章表現力、学びに向かう意欲も向上します。

ここでの指導ポイントは、文章の細かな誤りを指摘せず、小さな良さを認めること。できた作品は、すぐに返すのがポイントです。良い個所に下線を引き、「good」と書けば十分。人数分の新聞が手に入らない、時間が確保できない場合は、先生が選んだ記事をコピーしたワークシートを使うのも手です。これなら効率的に実施できます。ただ、できれば新聞スクラップ活動を目指してもらいたいと思います。

ワンポイントアドバイス

いわゆる朝学習の時間によく行われるNIE タイムですが、朝は既にさまざまな活動がされていると思います。朝が難しければ、例えば「帰りの時間」や「午後の授業時間の前」「総合的な学習の時間」に位置付けることもできます。まずは、教務担当と相談しながらアイデアを出し合ってください。

もっと詳しく！

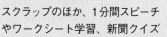

スクラップのほか、1分間スピーチやワークシート学習、新聞クイズなど、NIE タイムのさまざまな活動例を紹介しています。学校の実情に合わせて取り組んでみてください。

https://nie.jp/nietime/

読むことが議論を生み 考えを深める

新聞を読むようになって数か月すると、考える土台となる知識が徐々についてきます。十分な知識とまではいきませんが、世の中のさまざまな出来事とつなげて考えることもできるようになります。そうなれば自分の考えを仲間に伝えたくなるものです。

まずは、各自選んだ記事の感想を交流させてみてください。4人程度のグループで発表の順を決めて進めると効率よくできます。手順は、まず記事の見出し、次に要約を言い、続いて感想を発表し、最後にその発表についてグループ内で感想などを交換して終わります。時間は、1人当たり2分程度。決められた時間内で進めることがポイントです。発表が終わったら必ず拍手で次の発表者に引き継ぐと、グループごとの時間差もできません。

さらに、その活動をレベルアップしてみましょう。自分たちで選ぶ記事のテーマを決めて新聞を読みます。新聞は同じものでも複数の異なる新聞でも差し支えありません。テーマに沿って選んだ記事をもとに議論します。上記と同様にグループで発表順を決め、見出し、要約、感想・意見の順に発表します。1人1分程度。全員の発表が終わったところで自由に感想を述べ合います。その際、A3判大の紙やホワイトボードに皆でメモを書き込み、思考を可視化して議論すると、考えの共通点や相違点が明らかになります。議論が深まり、多面的・多角的な理解ができるようになるのです。

先生も生徒も 「無理せず、こつこつ」

NIEタイムを経験した多くの生徒が同じように口にする言葉があります。始めた頃は「難しい」「面倒くさい」「できない」。しかし、3か月後には多くが「できるようになった」「読めるようになった」「書けるようになった」に変わってくるのです。そのことから言えることがあります。それは、NIEタイムを始めた際に、生徒の背中を上手に押せる先生であってほしいこと。3か月後の成長を信じて、各人の良さを見つけ、励まし続けてください。生徒自身が成長を自覚すれば、先生は見守るだけです。あとは自分たちで主体的に取り組むようになります。主体的な学びは、そこから始まるのです。

そのときが来るまで、先生も生徒も、「無理せず、こつこつ」続けてください。

新聞を手に入れよう

NIEタイムで問題になるのは、いかに新聞を確保するかです。

1つは、新聞を購読している家庭から数日分を持ってくること。この方法であればお金はかかりません。もう1つは「教材用価格」で購入すること。学校や学年・学級でまとめると、1紙当たり数十円で購入できます。週1回のNIEタイムなら、年間でおよそ35回。年間1000〜1800円程度です。1人当たり月150円程度なら、教材費として集めることも可能ではないでしょうか。

もっと詳しく!

教材用価格が設定されている新聞を一覧で紹介しています。購読条件（同一日付で10部以上、など）、申し込み方法、問い合わせ先も掲載。ぜひご活用ください。
https://nie.jp/teacher/book/

本事例のNIE　**新聞活用**・**新聞機能**・新聞制作

事例のアクティブラーニングの重点　**主体的**・**対話的**で深い学び

国語 第1学年

記事の違いを見つけよう

1 小単元名　**情報の集め方を知ろう　新聞の紙面構成の特徴を知る**（3時間扱い）

2 本時の目標　前時に学んだ新聞の紙面構成の特徴を踏まえ、同じ出来事を報道した記事を比較し、共通点や相違点を発見する活動を通して、各紙の事実の取り上げ方や主張の違いに気付き、情報を多面的・多角的に収集しようとする意識をもつ。

3 NIEとしての狙い　見出し、本文、写真などから記事を多面的・多角的に分析し、共通点と相違点を確認し合う活動を通して、情報をさまざまな方向から手に入れ、比較検討する重要性に気付く。

4 本小単元の展開（3時間）

時	主な発問	学習活動／○生徒の反応	留意点／○資料等
1	•情報を手に入れるためには、どんな手段があるのかを考えよう	▶情報メディアをいくつか挙げ、そのうちの本、雑誌、インターネット、新聞のメリット、デメリットについて整理する	•本、雑誌、タブレット、新聞を用意し、それぞれのメディアを視覚的に捉えられるように配慮する
2	•新聞の紙面構成にはどんな特徴があるのかを調べよう	▶教科書だけでなく、実際の新聞を読んだり、触れたりしながら新聞の良さを確かめる ▶発行年月日、見出し、リード文、キャプション、面などの新聞用語を学ぶ	•実際の新聞で考えさせる •次時の準備として複数紙を用意し、題字や構成にも違いがあることを見つけさせたい
3（本時）	•同じ出来事を報道した記事を比べて、印象の違いを交流しよう	▶2つの記事について教師の範読を聞く ▶各自ワークシートに印象の違いなどを記入し、班内で交流する	•見出し、本文、写真という項目は教師側からは出さず、全体から受ける印象を交流させる ○資料1～3
	•同じ出来事を報道した記事を比べて、共通点と相違点をまとめよう	▶「1人読み→班交流→全体交流」の流れで、共通点、相違点について整理する ▶ワークシートに記入し、それぞれの共通点、相違点から交流、発表する	•写真の「アップ」と「ルーズ」の違いに関する小学校での学びを想起させ、印象や意図の違いまで気付かせたい •両記事は数値にも違いがある。なぜ差が出たのかを話し合わせたい
	•授業を通して学んだことを振り返ろう	▶振り返りシートに記入する ○「同じ出来事の記事なのに、見出し、本文、写真に違いがあり、受ける印象も違うことが分かった」	•地方紙と全国紙の違いにも気付かせたい

5 本時の板書計画（第3時）

新聞記事を比べて、共通点や相違点をまとめよう。

読売新聞　資料1

岐阜新聞　資料2

	②見出し	③本文	④写真	⑤記事が伝えたい事実
読売新聞	•主：突風　幼稚園屋根70メートル飛ぶ •袖：気象台「ダウンバーストの可能性」 •「突風」が衝撃的	•70メートル飛ぶ •最小の数値を使用	•アップの写真を使用 •自動車と屋根の状況 •インパクトが大きい	•突風で幼稚園の屋根が飛んだこと
岐阜新聞	•主：美濃加茂の突風　ダウンバーストの可能性 •袖：幼稚園の屋根100メートル飛ぶ	•100メートル飛ぶ •最大の数値を使用	•ルーズの写真を使用 •屋根の飛ばされた距離 •全体を把握できる	•ダウンバーストの可能性が高いこと

本時の振り返り

6 資料等

資料1　岐阜新聞
2013年8月25日付朝刊

美濃加茂の突風
ダウンバーストの可能性
幼稚園の屋根100メートル飛ぶ

23日午後7時ごろ、美濃加茂市本郷町、山手幼稚園の金属製の屋根が突風で南東側に70メートル～100メートルにわたって飛ばされ、LPガス販売会社の住宅兼事務所や道路にかぶさるように落下した。幼稚園には職員6人ほどがいたが、無事だった。雨漏りの処理をしていた40代の女性職員が床ですべって転倒、軽いけが。岐阜地方気象台は24日、ダウンバースト（下降気流によって吹く強い風）の可能性が高いとの調査結果を発表した。

同気象台や市、可茂消防事務組合などによると、当時、付近を活発な積乱雲が通過しており、短時間に強雨を伴って突風が吹いたことなどから、ダウンバーストの可能性が高いと判断。突風の強さを示す「藤田スケール」は、6段階で最も弱いF0（風速17～32メートル）と推定した。市によると当時、県内には竜巻注意情報が出され、市内は雷を伴う激しい雨が降っていたという。

強風で吹き飛ばされた山手幼稚園の屋根＝美濃加茂市森山町（同市役所提供）

この突風で、飛ばされた幼稚園の屋根は、長さ30メートル幅15メートル、長さ13メートル幅12メートルの二つにちぎれて落下。軽乗用車1台が横転したほか、田の稲が倒れるなどした。また幼稚園から北側に300メートル離れた民家では、木造車庫の金属製の屋根（長さ5・3メートル、幅7・8メートル）が南東側に約30メートル飛ばされた。

突風の際、園内にいた職員の奥村知世さん(25)は「激しい雷とともに雨が降り始め、いきなり強い横風が吹くと同時に屋根がめくれて飛んだ。電線から火花が散り、とても怖かった」と振り返った。

資料2　読売新聞
2013年8月25日付朝刊

アパートの駐車場に吹き飛ばされた幼稚園舎の屋根と横転した軽乗用車（24日、岐阜県美濃加茂市で）＝市来哲郎撮影

突風 幼稚園屋根70メートル飛ぶ
気象台「ダウンバーストの可能性」
美濃加茂

岐阜県美濃加茂市本郷町で23日午後6時55分頃、私立山手幼稚園の金属製の屋根が強風で吹き飛ばされた。屋根は二つに千切れ、南東に約70メートル離れた会社事務所と民家、さらに15メートルほど離れた2階建てアパートの駐車場などに落ちた。岐阜地方気象台は24日、現地を調査し、「ダウンバーストの可能性が高い」と発表した。

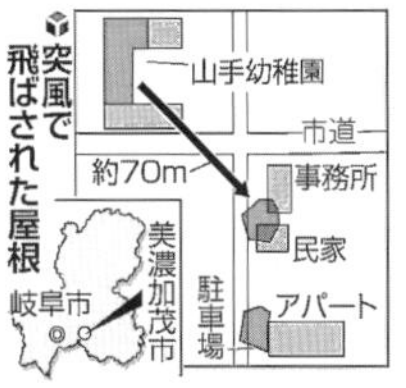

市などによると、飛ばされたのは年長児教室の屋根部分（長さ30メートル、幅15メートル）と体育館の屋根の一部（長さ12メートル、幅13メートル）。屋根が落ちた3棟の一部が破損したほか、乗用車2台がつぶされ、軽乗用車1台が横転した。幼稚園には当時、6、7人の職員がいたが、けが人はなかった。この被害とは別に、同市本郷町の民家にある木造車庫の金属製の屋根（縦5・3メートル、横7・8メートル）が約30メートル南東の雑木林に吹き飛ばされていたことも市の調査で分かった。

当時、岐阜県内には竜巻注意情報が出され、大気の状態は不安定だった。同気象台は24日夕、「突風が比較的短時間だったとの証言などから、局地的・短時間に上空からの気流が強く下降するダウンバーストである可能性が高い」との見方を示した。

資料3　ワークシート

「新聞記事の比較」ワークシート

年　組　番　氏名

【課題】新聞記事を比較して、書き方や論の進め方の違いを考えよう。

※記入する内容は、箇条書きでも、単語でもかまいません。

	岐阜新聞	読売新聞
①新聞記事を読んでどんな印象を受けましたか。		
★仲間の意見をメモしよう。		

②見出し		
③本文		
④写真		
⑤伝えたい事実		

【今日の授業の振り返り】

国語 第1学年

本事例のNIE
新聞活用・新聞機能・新聞制作

事例のアクティブラーニングの重点
主体的・対話的で深い学び

見出しを考えよう

1 小単元名　**写真と言葉が生み出す世界――メディアリテラシー入門**（3時間扱い）

2 本小単元の目標　記事と写真、見出しの効果について考えるとともに、写真や見出しとの関連性を記事から読み取ることを通して、メディアリテラシーについて理解する。

3 NIEとしての狙い　新聞のメディアとしての特徴を学びながら、記事と写真、見出しとの関連性に目を向け、見出しや写真の役割、特徴について考えさせる。

4 本小単元の展開（3時間）

時	主な発問	学習活動／○生徒の反応	留意点／○資料等
1	•新聞の特徴や紙面構成を知ろう	▶面建てや紙面構成をワークシートに整理する ○「政治や経済など、面ごとにいろいろな情報が読める」「一面全体を使った広告もある」「いろいろな記事があって面白い」	•新聞を生徒の人数分用意する •新聞は政治や経済、文化、スポーツなどさまざまな紙面で構成されていることに気付かせる
	•気になる記事をスクラップしよう	○「気になる記事がたくさんある」「どこまでが関連の記事なのかは、割り付けを考えて、きちんと切り取ろう」	○スクラップシート •一面から社会面まで目を通させる •気になる記事は、蛍光ペン等を使って囲んでから切り取らせるとよい
2（本時）	•記事や写真に合った見出しを考えよう	▶見出しや写真の役割や特徴を考える ▶グループで考えを共有し、発表する ○「見出しでどんな記事なのか一目で分かる」「見出しは記事の要約だ」「写真があったほうが記事の内容がより伝わり、イメージしやすい」	○資料1～3（パワーポイントを活用） ○情報共有ツール「コラボノート」を活用 •穴埋め式の見出しクイズで練習させてから、記事の見出しを考えさせる •記事からキーワードや効果的な言葉を見つけて使わせるとよい
3	【新聞社の出前授業を活用】 •記事や写真、見出しなど紙面について理解を深めよう	▶出前授業で新聞記者から、紙面に使う記事や写真について話を聞く ○「報道写真の大切さが分かった」「必要な情報を正しく分かりやすく伝えていることが分かった」	•実際に記者が撮った複数の写真から、記事に適した1枚を選ぶ活動をさせたい

5 本時の板書計画（第2時）

写真と言葉が生み出す世界

記事や写真に合った見出しを考えよう

Q 見出しは何のためにあるのだろうか
•何の記事か一目でわかるように
•記事を読んでもらうため

Q わかりやすい見出しとは？
•字数8字～12字程度
•記事のどんなことを伝えたいのか
↓
見出しの構成要素となる

Q 新聞記事に写真を使う効果は？
•言葉で説明できない部分を補える
↓
さらに伝えたいことがわかりやすくなる（形や状況など）

○記事に合う見出しを考えよう
1 記事と写真から考える
2 キーワードを見つけて考える

6 資料等

資料1 読売新聞 2020年5月25日付朝刊

[　　　]のヒナ[　　　]　手賀沼

柏市と我孫子市にまたがる手賀沼で、コブハクチョウのヒナが誕生し、愛くるしい姿が通りかかる人の目を楽しませている。

親鳥の後に並んで歩くコブハクチョウのヒナたち（24日、我孫子市で）＝菅彩織理撮影

コブハクチョウは観賞用として国内に持ち込まれた外来種で、全国的に野生化した。手賀沼では、数十羽が生息するとみられている。

24日には、親鳥がヒナ5羽を連れて草を食べたり、一緒に泳いだりする姿が見られた。沼周辺で親子を見かけた人たちは、ふわふわの白い毛に包まれたヒナを「かわいい」と言ってスマートフォンで撮影していた。

コブハクチョウは人の目を楽しませる一方、周辺の農家では稲を食い荒らす被害も出している。

ヒント　繰り返しの言葉（擬態語）を考えてみよう

ふわふわのヒナ すくすく　手賀沼

柏市と我孫子市にまたがる手賀沼で、コブハクチョウのヒナが誕生し、愛くるしい姿が通りかかる人の目を楽しませている。

親鳥の後に並んで歩くコブハクチョウのヒナたち（24日、我孫子市で）＝菅彩織理撮影

コブハクチョウは観賞用として国内に持ち込まれた外来種で、全国的に野生化した。手賀沼では、数十羽が生息するとみられている。

24日には、親鳥がヒナ5羽を連れて草を食べたり、一緒に泳いだりする姿が見られた。沼周辺で親子を見かけた人たちは、ふわふわの白い毛に包まれたヒナを「かわいい」と言ってスマートフォンで撮影していた。

コブハクチョウは人の目を楽しませる一方、周辺の農家では稲を食い荒らす被害も出している。

資料2 読売新聞 2020年9月23日付朝刊

ケイトウ　色[　　]

千葉県袖ケ浦市の東京ドイツ村で、「ケイトウ」が見頃を迎え、来園者の目を楽しませている。

花の形が鶏のトサカに似ていることから「鶏頭」と呼ばれ、赤、黄、オレンジ色の約1万5000株が約3800平方㍍の敷地に咲き誇る＝写真、小林武仁撮影＝。昨年10月の台風19号で、土砂が流れ出る被害を受けたが、重機で整地し花畑を復活させた。

同園担当者は「きれいな花を見て、明るい気分になってほしい。安全な状態で来園者を迎えたい」と話し、新型コロナウイルス対策として室内ではマスク着用などを呼びかけている。見頃は10月中旬まで。

ヒント　写真のケイトウの花の様子に注目！

ケイトウ 色とりどり

千葉県袖ケ浦市の東京ドイツ村で、「ケイトウ」が見頃を迎え、来園者の目を楽しませている。

花の形が鶏のトサカに似ていることから「鶏頭」と呼ばれ、赤、黄、オレンジ色の約1万5000株が約3800平方㍍の敷地に咲き誇る＝写真、小林武仁撮影＝。昨年10月の台風19号で、土砂が流れ出る被害を受けたが、重機で整地し花畑を復活させた。

同園担当者は「きれいな花を見て、明るい気分になってほしい。安全な状態で来園者を迎えたい」と話し、新型コロナウイルス対策として室内ではマスク着用などを呼びかけている。見頃は10月中旬まで。

資料3 読売新聞 2020年10月5日付朝刊

思い集め 大輪

富士山麓の静岡県裾野市で4日、花火の打ち上げイベントが行われ、約2000発の花火が夜空を彩った＝写真、泉祥平撮影＝。

当初は、市内のキャンプ場での宿泊と花火をセットで楽しむ催しだった。新型コロナウイルスの影響で中止になったが、花火業界を盛り上げようと、花火師らの実行委員会がクラウドファンディングを行い、打ち上げを実現させた。440人から目標（400万円）を上回る734万円が集まったという。この日は、支援した人が会場に招かれ、芝生の上にシートを敷いて花火を観覧した。実行委の委員長(48)は「花火を愛する人の思いがこもっている。花火の文化を継承していければ」と話した。

ステップアップ　記事や写真を見て、小さい見出しを俳句のように五七五調で考えましょう

国語
第1学年

本事例のNIE
新聞活用・新聞機能・新聞制作

事例のアクティブラーニングの重点
主体的・対話的で深い学び

言葉のもつ力とは

1 小単元名　**「言葉の力」を考える**（2時間扱い）

2 本時の目標　新聞スクラップの記事等から感じ取った言葉の働きと、自分の知識や経験を結び付け、発表や対話を通して言葉の力についての考えをまとめることができる。

3 NIEとしての狙い　「コミュニケーションを円滑にする」「事実・情報を伝える」「考えや意図、気持ちを伝える」「相手の行動を促す」など、言葉のもつ力を記事から捉え、言葉を自覚的に用いることができるようにする。

4 本小単元の展開（2時間）

時	主な発問	学習活動／○生徒の反応	留意点／○資料等
1	• 新聞スクラップで集めた記事をもとに、言葉の力について考えよう	▶総合学習「地域の未来を提言しよう」（本書64ページ）で集めた記事や提案を想起して、本単元の狙いをつかみ、学習の見通しをもつ	○ワークシート（**資料1**）、新聞スクラップ
	• どのような力があると考えますか	▶ワークシートを手がかりに、言葉の力について考える ○「集めた記事から、徳島の魅力を発信する方策を考えた。言葉には人々をつなぐ力があると思う」	• 何を伝えるか、伝わったことがどう働くかについて思考を広げさせる • 特に注目した力や言葉を通して、予測の難しい現代を生きる私たちにできることについても考えさせる
2（本時）	• 言葉の力について、考えたことを発表しよう	▶「地域の未来を提言しよう」の内容を紹介したうえで、言葉の力について発表する ○「人を変える力、未来を切り開く力もある」「思考力や感性も言葉の力だ」	• 新聞スクラップをプロジェクターで映し、「地域の未来を提言しよう」の発表を兼ねる ○新聞スクラップ
	• 言葉の力についての自分の考えを書こう	▶学習を振り返り、言葉の力について、ワークシートに考えをまとめる ○「思っていた以上に言葉には力がある。それを意識して、言葉を選んでいきたい」	• 発表の中で出てきた言葉の力に、発表者のネームプレートを添えて、板書する

※後日、発表内容を新聞社に投書する（**資料2**）

5 本時の板書計画（第2時）

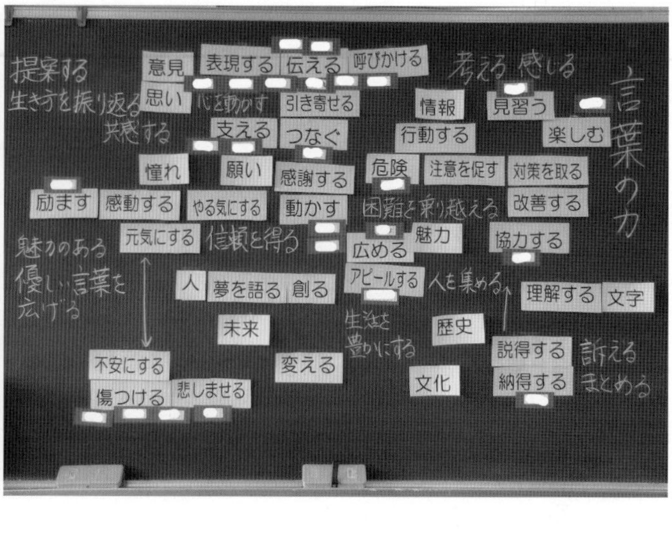

6 資料等

資料1 ワークシート

言葉の力を考える　　一年　組　番　氏名

○単元「徳島の未来に提案しよう―上八万中学校　町おこし隊―」で、私が提案したのは、

> 徳島の歴史ある物や文化などを、いろいろな人に伝えることです。

○取組を通して、私は言葉の力について、次のように考えました。

> ・自分の思っていることをうまく表現することができる。
> ・相手がどう思っているのかがわかる。
> ・大事なことを主張できる。

○なかでも、わたしが注目したのは、（自分の思いを表現する）力です。

> なぜなら、自分の思いをうまく相手に伝えられると、相手が自分の意見についてどう思っているかもわかるからです。

○予測の難しい現代を生きていく私たちが、今、言葉を通してできることは、

> 自分の意見を積極的に伝え、相手がそれをどう思っているかや、「ここをもっとこうした方がいい」など、いろいろな提案を出し合うことだと思います。

資料2 徳島新聞 2020年10月16日付朝刊

若い声

動画で徳島の魅力伝えよう
（徳島市、　・13歳・中学生）

県南部には産業、文化、観光で魅力がたくさんあります。そこで県南部のこれらの魅力を人気動画サイトユーチューブに投稿する取り組みがなされています。県南部県民局の職員らは「県南エリアは県外に誇れる魅力がある地域。コロナ収束後に訪れてみたいと思われるような動画を作り、発信していきたい」と語っています。

例えば、海陽町沖で夏の8月中ごろに見られるサンゴの「エダミドリイシ」は夏に産卵シーズンを迎え、産卵時には卵が水中でオレンジ色に光ります。この現象が起きるのは年に3日間だけなのでぜひ見たいし、PRしてほしいです。新型コロナウイルス収束後には県内の人だけでなく県外の人や外国人観光客にもぜひ来ていただきたいです。

このユーチューブによる動画配信によって、県外の人はもちろん世界中の人々に県南部の魅力を伝えられると思います。

今、コロナ感染拡大防止のためさまざまな行事が中止になっている中、これからも徳島が輝けるようなPRをして、コロナ禍収束後、楽しく過ごせるように徳島の魅力をもっともっと伝えて発信してほしいと思います。

資料3 生徒の意見等

①取り組みを通して、言葉の力について考えたこと

- 私が注目したのは、人々を引き寄せる力だ。1つ1つの言葉には魅力があって、その言葉を見た人や聞いた人は興味がわいて、人を引き寄せると思うからだ
- 人は傷つきやすい。でも、その傷を癒やすのは言葉の力だ
- 1つ目は、伝える力だ。伝え方や伝える内容によっては、人を喜ばせたり悲しませたりする。2つ目は、改善する力だ。丁寧に伝え、アドバイスすることで、良いところを伸ばし、悪いところを改善し、物事をいい方向にもっていくことができる。3つ目は、残す力だ。自分の思いや伝統を言葉にすることで、後に残すことができる

②予測の難しい現代を生きていく私たちが、今、言葉を通してできることは

- 自分の意見を積極的に相手に伝え、相手がそれをどう思っているかを知り、「ここをもっとこうした方がいい」などの、いろいろな提案を出し合うことだと思う
- 心を動かすことだ。自分たちの考えを世に発信して、たくさんの人の心に響かせることができると、たくさんの人と心がつながると思う

③学習を終えて

- 自分の中では思いつかなかったことがたくさん出てきて、言葉が私たちをつなげてくれたり、考えさせてくれたり、たくさんの役割を担っていると思った
- 私たちが普段の生活で何気なく使っている言葉。その言葉は、いろいろな意味をもち、人を動かす力をもつと思う。1つの言葉で、相手を喜ばせたり悲しませたりする。だから、自分の言葉に責任をもち、考え、選び、伝えられるようにしていきたい

本事例のNIE
新聞活用・**新聞機能**・新聞制作

事例のアクティブラーニングの重点
主体的・**対話的**で深い学び

新聞ツイッターでコメントを共有しよう

1 小単元名 **情報を共有し、考えを広げたり深めたりしよう**（2時間扱い）

2 本小単元の目標 新聞から、自分が欲しい情報を見つけるとともに、得た情報から自分の考えや意見を持ち、共有して考えを深めることができる。

3 NIEとしての狙い 新聞の特徴を学びながら欲しい情報を見つけ、記事を読み取り、他者と情報を共有することで自分の考えを広げたり、深めたりすることができる。

4 本小単元の展開（2時間）

時	主な発問	学習活動／○生徒の反応	留意点／○資料等
1	•話題にしたい記事を選ぼう	▶新聞を読んで気になる記事を蛍光ペンで囲む（いくつあってもよい） ○「気になる記事がいろいろある」「どの記事を選ぶか迷う」	•新聞を生徒の人数分用意する •新聞は政治や経済、文化、スポーツなどさまざまな面で構成されていることに気付かせる
	•スクラップシートを完成させよう	▶話題にしたい記事をスクラップし、記事のどこに注目しているかを考え、スクラップシートに記入（ツイート）する（新聞名・発行年月日・記事の概要・気になるところ・共有したいこと、など）	○スクラップシート（**台紙**） •新聞の全ページに目を通させる •記事の概要は5W1Hを意識してまとめさせる（リードや一段落目を活用させる） •気になる部分に蛍光ペンで線を引かせる •つぶやき方を教師が例示する（**板書**）
2	•記事を紹介し、コメントをもらおう	▶3～4人のグループの中で順番に記事を紹介する（記事の概要・選んだ理由・みんなと共有したいこと、など） ▶発表に対してコメントを付箋に書いて、発表者のスクラップシートに貼る ▶グループの発表が終わったら、他のグループのスクラップシートをフォローする ▶学習の振り返りをする ○「新聞の読み方や面白さが分かった」「自分が知らないことがたくさんあった」「同じ記事にいろいろなコメントがある」	○コメント用付箋（**資料**） •スクラップシートにまとめたことを聞き手に分かるように発表させる（質疑応答） •つぶやきに対するコメントも教師が例示する（**板書**） •コメントは話し言葉でもよい •書きながら質疑応答があってもよい •人数や記事内容にばらつきがあるので、様子を見ながら教師が調整するようにする

5 本時の板書計画（第1・2時）

新聞ツイッター

新聞から得た情報を共有しよう。

【学習活動の手順】

1 新聞を読んで気になる記事を蛍光ペンで囲む

2 話題にしたい記事を1つ選んで切り取り、スクラップシートに貼る

3 シートに新聞名、発行年月日を記入する

4 記事をもう一度読み、気になる部分、みんなに読んでほしい部分に蛍光ペンで線を引く

5 記事を読んだ自分の考えをシートに書く

【例】
地球温暖化が深刻になっていることがよくわかった。このままでは地球が滅びてしまうかも。

6 グループのメンバーでプレゼンテーションをし合い、付箋にコメントを書く

【例】
私もこの記事を読むまでそんなに深刻になっているなんて知らなかった。二酸化炭素を何とか減らさないと。

7 学習を振り返る

6 資料等

資料｜スクラップシート

新聞ツイッター

2年 A 組

話題にしたい記事をスクラップしよう。

（ 朝日 ）新 聞	2020 年 11 月 18 日	（ 3 ）ページ	（ 総合 ）面

☆どんな記事ですか？（記事の要約を書こう。）

新型コロナウイルスの「第二波が猛威をふるう欧州」で、医療現場が危機的状況におちいっている。病床の数がもう限界で、医療スタッフもいなくて大変。

☆記事のどんなところが気になりましたか？（感想や意見も含めて）

「病床を増やす方針だが、『ベッドを増やしても、対応する看護師などの医療スタッフがいない』」

☆記事についてみんなとどのようなことを共有したい？

新型コロナウイルスの危険性をあらためて共有したい。

ここに選んだ記事を貼ろう

欧州の医療現場 襲う第2波

新型コロナウイルスの「第2波」が猛威を振るう欧州で、医療現場が危機的状況に陥っている。病床の数の限界が近づき、医療スタッフの不足も懸念される。感染が局地的だった今春の第1波と違い、感染が全土に広がっている。春には患者の受け入れなどで協力してきた独仏伊の連携も難しくなる。

イタリア 人手不足「すでに限界」

「制御不能の状況だ。すぐに対処しないと時間がない」

新型コロナの第2波がナポリなどイタリア南部にも急拡大していることに、イタリアのディマイオ外相は危機感をあらわにした。

地元メディアは「新型コロナ患者が病院に入れず、救急車が列を作った」「救急病院で治療を待っていた患者が、病院のトイレで死亡した」などと医療現場の惨状を相次いで報じている。

同国の1日の新規感染者数は13日、初めて4万人を超えた。死者も1日500人を超える日が続く。集中治療室に入っている人も3400人を超え、1週間で約800人増えた。

保健当局は集中治療用の病床を増やす方針だが、「ベッドを増やしても、対応する看護師などの医療スタッフがいない」との指摘がすでに出ている。特に人工呼吸器を着ける際の気管挿管に関わる麻酔科医の不足は深刻だ。麻酔科医協会の会長は10月末、地元メディアに「休憩をなくし、他の手術をやめたり研修医を集めたりしても、少なくともあと4千人足りない。我々はすでに限界に達している」と訴えた。（ローマ＝河原田慎一）

フランス 全土に感染「病床逼迫」

感染者数が欧州最多の約200万人に上るフランスも、厳しい状況が続く。

「医療態勢が著しく逼迫（ひっぱく）する」。フランスのカステックス首相は12日の記者会見で、全国の入院者数が過去最多の3万2千人を超えたと明かした。新規感染者数は11月中旬ごろから減少傾向にあるものの、入院者数はなお伸び続け、連日500人前後が亡くなっている。

パリ郊外セーヌサンドニ県の公立病院に勤める救急医[illegible]さん(60)によると、病院に40ある集中治療病床のうち、空きは3床のみ。10月以降、他地域へ患者を搬送したり、コロナ以外の手術を延期したりして、重篤患者の入院を断る事態だけは避けてきた。だが、「春から手術を延期され続けているがん患者が複数いる。半年も遅れれば生存率が下がりかねない」と危機感を募らせる。

フランス全体で7700ある集中治療病床のうち、16日現在で4919床が埋まっている。感染が拡大した地域が一部に限られていた春と違い、今回の感染は全土に広がっているため、病床が埋まった病院からTGV（高速鉄道）などを使って他地域へ患者を移すことが難しくなっている。（パリ＝疋田多揚）

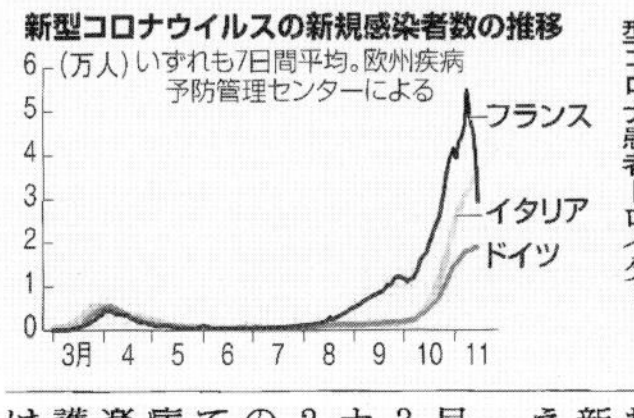

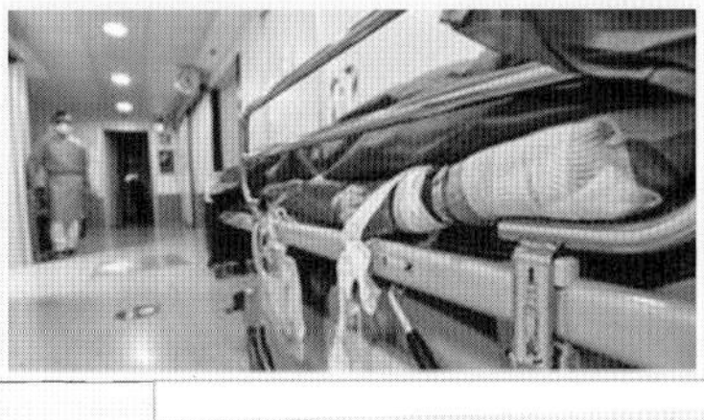
イタリア北部ローディの病院の廊下で、集中治療を待つ新型コロナ患者＝ロイター

ドイツ 「病院のパンク」懸念

春の第1波では伊仏など周辺各国から患者を受け入れてきたドイツも、1日の新規感染者数は2万人を超える日が相次いでいる。

集中治療中の患者数は11月の2週間で約70％増え、3400人超に。新型コロナ以外の患者も含めると約2万8千ある集中治療病床のうち、7割以上が埋まっている。緊急で追加できる病床は約1万2千あるが、楽観はできない。医師や看護師らが足りず、患者が受け入れられなくなっている病院も増えているためだ。

政府系の医療研究機関ロベルト・コッホ研究所の[illegible]所長は12日の記者会見で「状況は依然として深刻だ。病院がパンクする状況を考慮する必要がある」と話した。

ドイツでは2日以降、飲食店や娯楽施設などを閉鎖している。メルケル首相は16日、各州首相らとの会議後の記者会見で「まだ感染の傾向を変えるには至っていない」と語った。（ベルリン＝野島淳）

朝日新聞2020年11月18日付朝刊

医者や国、世界のためにも、コロナにかからないように予防しよう!!

コロナこわい

コロナにかかっている人が多くて病床が少ないのはすこしヤバイと思う

最近日本もヤバそう

予防第一!!

コロナ早く無くなるといいね

本事例のNIE
新聞活用・新聞機能・新聞制作

事例のアクティブラーニングの重点
主体的・対話的で深い学び

国語 第2学年

読書紹介新聞を作ろう

1 小単元名 **1年生にお薦めの1冊**（3時間扱い）

2 本小単元の目標
新聞の書評を分析し、読書紹介文の書き方を学ぶ。取材した情報と自分の思いを整理してまとめ、自分が推薦する本の魅力を紹介する。

3 NIEとしての狙い
新聞の書評を分析することで、本の紹介文の書き方（内容や構成）を学ぶ。さまざまな手段で取材した内容から必要な情報を選び、伝える能力を養う。読み手を意識し、根拠を明確にしながら自分の思いを相手に伝える力を育む。

4 本小単元の展開（3時間）

時	主な発問	学習活動／○生徒の反応	留意点／○資料等
1（本時）	•新聞の書評の構成を分析して本の紹介文の書き方を学ぼう	▶新聞の書評を読んで、難解語句や文章の構成を確認する ▶文章の構成を分析する（各自→班→発表）	•1年生にお薦めの1冊を選んで読書紹介新聞を作ることをあらかじめ伝えておく •構成を分析するためのワークシートを用意する（資料1）
2	•本の紹介をするときに書くべきこと・書いておくとよいことをまとめよう	▶前時の分析をもとに、紹介記事に書くべきことと、書いておくとよいことを整理する（書名・著者名・発行所名・発行年・作者について・入手方法・価格、など）	•具体的なイメージを持てるように、読書紹介新聞の作品例を紹介するとよい
	•推薦のポイントが伝わるように工夫して、読書紹介新聞を作ろう	▶本の魅力が読み手に伝わるように意識して、読書紹介新聞を作る（キャッチコピー・引用・本の内容紹介・お薦めの理由、など）	•読みやすい新聞にするためのレイアウト・見出し・キャッチコピーなどの工夫について伝える
3	•読書紹介新聞を読み合って、感想を交流しよう	▶興味を持った本や紹介の仕方、よいと思った点などについて感想を交流する	•評価する観点を示し、感想交流シートを書かせる ○資料2

5 本時の板書計画（第1時）

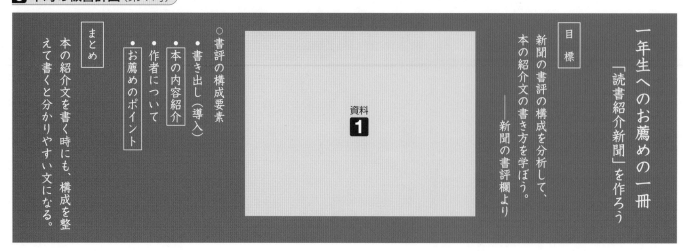

一年生へのお薦めの一冊
「読書紹介新聞」を作ろう

目標
新聞の書評の構成を分析して、
本の紹介文の書き方を学ぼう。
――新聞の書評欄より

資料1

○書評の構成要素
・書き出し（導入）
・本の内容紹介
・作者について
・お薦めのポイント

まとめ
本の紹介文を書く時にも、構成を整えて書くと分かりやすい文になる。

6 資料等

資料1 ワークシート

一年生へのお薦めの一冊

（　）組（　）番（　　　　）

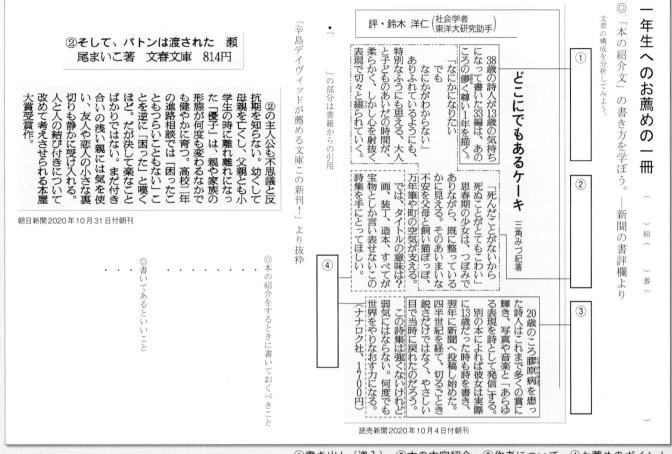

◎「本の紹介文」の書き方を学ぼう。―新聞の書評欄より

文章の構成を分析してみよう。

どこにでもあるケーキ　三角みづ紀著

評・鈴木 洋仁（社会学者 東洋大研究助手）

①　38歳の詩人が13歳の気持ちになって書いた33編は、あのころの儚く尊い1年を描く。

「なにかになりたい
でも
なにかがわからない」

ありふれているようにも、特別なふうにも思える、大人と子どものあいだの時間が、柔らかく、しかし心を射抜く表現で切々と綴られていく。

②　「死んだことがないから
死ぬことがとてもこわい」

思春期の少女は、つぼみでありながら、既に整っているかに見える。そのあいまいな不安を父母と飼い猫ぽっぽ、万年筆や町の空気が支える。

④　では、タイトルの意味は？ 画、装丁、造本、すべてが宝物としか言い表せないこの詩集を手にとってほしい。

③　20歳のころ膠原病を患った詩人はこれまで多くの賞に輝き、写真や音楽と「あらゆる表現を詩として発信」する。

別の本によれば彼女は実際に13歳だった時も詩を書き、翌年に新聞へ投稿し始めた。四半世紀を経て、切るごとき鋭さだけではなく、やさしい目で当時に戻れたのだろう。

④　この詩集は強くないけれど弱気にはならない。何度でも世界をやりなおす力になる。

（ナナロク社、1700円）

読売新聞2020年10月4日付朝刊

・「　　　」の部分は書籍からの引用

「辛島デイヴィッドが薦める文庫この新刊！」より抜粋

②そして、バトンは渡された　瀬尾まいこ著　文春文庫　814円

②の主人公も不思議と反抗期を知らない。幼くして母親を亡くし、父親とも小学生の時に離れ離れになった「優子」は、親や家族の形態が何度も変わるなかでも健やかに育つ。高校二年の進路相談では「困ったこともつらいこともない」ことを逆に「困った」と嘆くほど。だが決して楽なことばかりではない。まだ付き合いの浅い親には気を使い、友人や恋人の小さな裏切りも静かに受け入れる。人と人の結び付きについて改めて考えさせられる本屋大賞受賞作。

朝日新聞2020年10月31日付朝刊

◎本の紹介をするときに書いておくべきこと…………

◎書いてあるといいこと…

①書き出し（導入）、②本の内容紹介、③作者について、④お薦めのポイント

資料2 生徒作品と感想

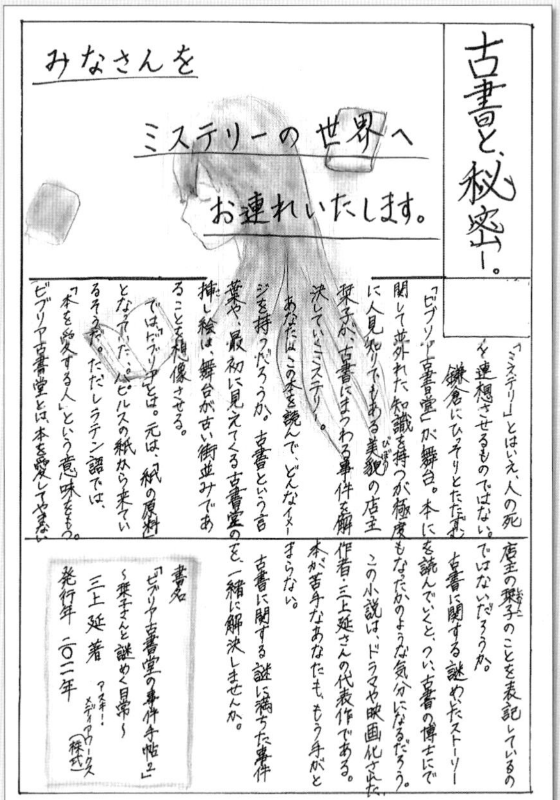

感想

・新聞のタイトルに魅かれた
・「古書にまつわるミステリー」を読んでみたいと思った

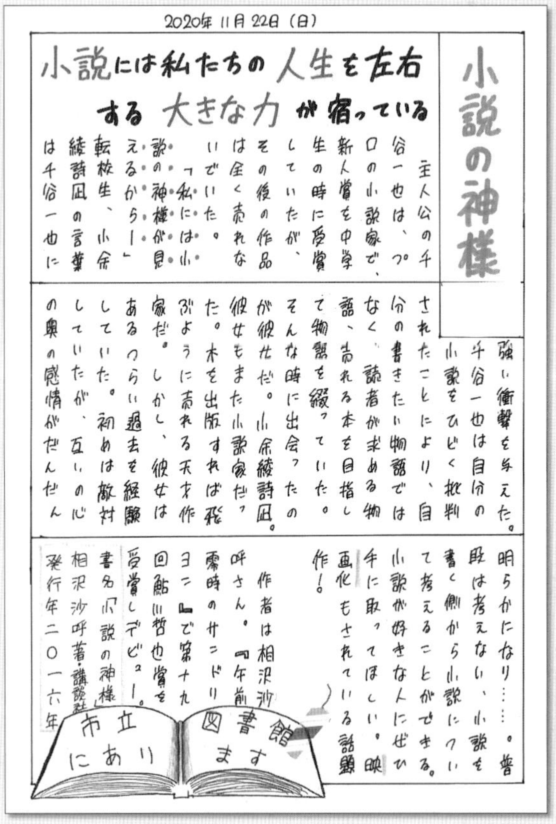

感想

・キャッチコピーがいいと思った
・小説を書く側から小説を考えるというのがおもしろいと思った

本事例のNIE　新聞活用・新聞機能・新聞制作

事例のアクティブラーニングの重点　主体的・対話的で深い学び

国語 第2学年

大人に届け、子供の思い

1 小単元名　**説得力のある記事を「新聞」に書く**（7時間扱い）

2 本小単元の目標　インタビューやアンケートして得た情報をもとに説得力のある記事を書く。読み手を意識して、自分たちの意見に説得力をもたせるため、客観的な根拠を明確にして文章を書く力を育てる。

3 NIEとしての狙い　子供の幸福度に関する記事を読み、自分たちの意見を記事にまとめる中で、どうすれば説得力のある文章になるのかを考える。新聞を参考にして、見出しや構成、掲載資料を工夫する。

4 本小単元の展開（7時間）

時	主な発問	学習活動／○生徒の反応	留意点／○資料等
1	•あなたは今、幸福ですか •大人に言いたいことを言えていますか	▶記事を読み、大人に言いたいことを書く ○「兄弟と比べてくる」「学校の裏門のタバコが困る」「授業が速くてついていけない」	•大人を「学校の先生」「親・家族」「その他」に分類して書かせる •普段言えないことを自由に書くよう促す ○資料1
2（本時）	•意見を交流しよう	▶ノートに書いた意見を発表する ○「自分では思いつかなかったけど、共感するものが多くあった」「大人は矛盾が多いと思った」	•分類した3つを色分けして、黒板に掲示した時に見やすいようにする
3	•意見をまとめて、説得力のある記事にするための材料を集めよう	▶紙面構成係、アンケート係、インタビュー係に分かれる ▶見出しや質問内容を考えたり、アンケート用紙を作成したりする	•説得力のある記事にするためにはどのようなデータが必要かを考え、質問内容を決めるよう助言する
4〜6	•説得力のある記事を書こう	▶集めた意見やデータを記事にまとめる ○「インタビューでは詳しく質問し直すことで、なぜそう思うのか深く聞くことができた」	•自分たちの意見を支える根拠を明確にし、単なる不満の表明にならないよう改善策を提案させる ○資料2
7	•新聞を完成させ、振り返りシートに書こう	▶完成した新聞を見て振り返りをする ○「いい記事を書いても、まず自分たちが学校生活をきちんとするべきと思った」	•相手に伝えるために必要なことは何かを考えさせる

5 本時の板書計画（第2時）

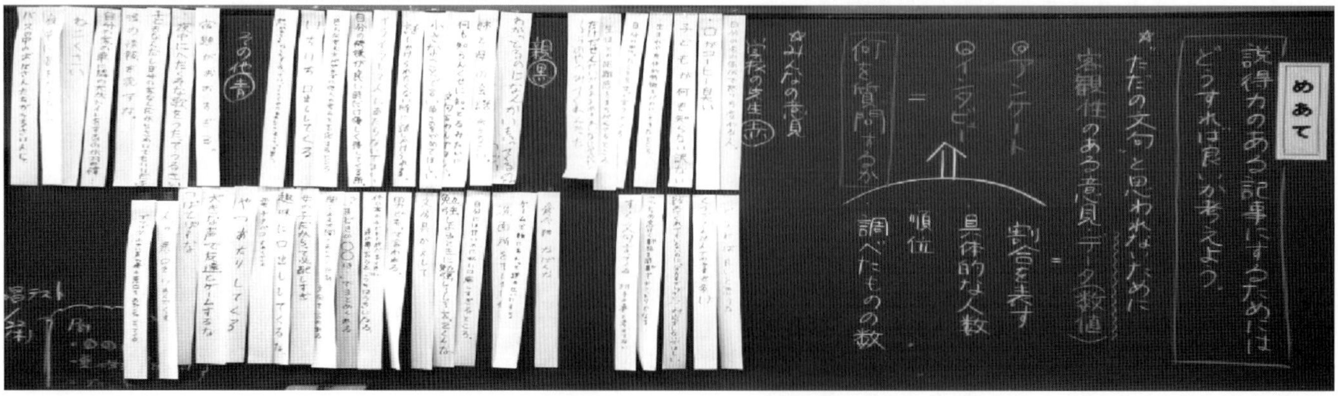

6 資料等

資料1 西日本新聞
2020年9月10日付朝刊

子どもの声 耳傾けて

最長政権 私の採点

「経済上向けば幸せ」幻想

もっとがんばろう

子どもNPOセンター福岡代表理事
重永 侑紀さん

学年を締めくくる子どもたちの最後の1カ月は、突然失われた。2月27日、安倍晋三首相は新型コロナウイルスの感染拡大防止を掲げ、全国の小中高校などに一斉休校を要請した。

「卒業式など行事の一つ一つが、子どもにとって大切なもの。要請は、子どもは無視できる存在と思われていることの表れだ」。子どもに関わるNPOをつなぐ「子どもNPOセンター福岡」の重永侑紀代表理事(56)はこう考える。

一斉休校は、科学的根拠に乏しい政治的判断だったとの見方も強い。「子どものためと言いながら、肝心の子どもの声は聞かない。結果として、大人の価値観が押し付けられている」

虐待、貧困、いじめ、不登校―。子どもを巡るさまざまな問題は「悪化している」と重永さんは感じている。「政権は、経済が上向けば子どもも幸せになれるという考えで政策を進めてきた。でも数字を見れば、それは幻想にすぎないのではないか」

全国の児童相談所が対応する児童虐待件数は増え続け、2018年度は約16万件に上った。子どもの貧困率は13・5%で、先進7カ国の中では高い水準のまま。小中高校のいじめ認知件数は、積極的に認知を求める被害者側の声が高まったことで54万件を超えた。小中学生の不登校は過去最多の16万人以上となった。

「子どもが本当に必要としていることと、政策との間にギャップがある」と感じている。

◆ ◆ ◆

7年8カ月の長期政権下、大きな転換点もあった。

16年、児童福祉法が改正され、保護の対象でしかなかった子どもが初めて「権利の主体」として位置付けられた。「1994年に日本が批准した『国連子どもの権利条約』にのっとった法改正がようやく実現した。政策が動きだす大きな好機だった」

2019年、東京都目黒区で両親からしつけと称した体罰を受けた5歳女児が亡くなった虐待事件(18年3月)などを契機に、児童虐待防止法と児童福祉法が改正。親などによる体罰の禁止が明文化された。社会的養護が必要な子どもの措置に、本人の意思を反映する仕組みづくりも始まった。

子どもの権利を保障する具体的な取り組みは緒に就いたばかりととらえ、現実に目を向ける。

小中高校などに出向き、年間約1万人の子どもたちと接する中で「親でも子どもをたたいたら駄目」と話すと、ほとんどの子どもが驚くという。「意見を何でも聞かせて」と語り掛けても、大人の顔色をうかがう子も多い。

「大人は今も権利の主体者である子どもに、権利があることさえ伝えていないのでは」。それは、決して政権だけの責任ではないと考える。極端な虐待事件は社会から注目されるが、日常にある子どものさまざまな問題は見過ごされがちだ。

「大人がもっと現実の子どもを見て、声を聞く。それができれば、子どものための本当の議論や政策が進む。もっと本気にならないといけない」

(本田彩子、写真・宮下雅太郎)

第2次安倍政権以降の「子ども」を巡る主な動き

2013年6月	子どもの貧困対策推進法が成立
16年5月	子どもを「権利の主体」と位置づけた改正児童福祉法が成立
18年3月	東京都目黒区で両親からしつけと称した虐待を受けた5歳の女児が死亡
19年1月	千葉県野田市で10歳の女児が父親から虐待を受けて死亡
6月	親などによる子どもへの体罰を禁止し、児童相談所の体制強化を盛り込んだ改正児童虐待防止法、改正児童福祉法が成立
	子どもの貧困対策に関する計画策定を市町村の努力義務とすることを柱とした、改正子どもの貧困対策推進法が成立
11月	貧困家庭の子どもへの支援方針をまとめた「子どもの貧困対策大綱」を閣議決定
20年2月	新型コロナウイルスの感染拡大を受け、政府が全国の小、中、高校、特別支援学校の一斉休校を要請※長いところで約3カ月に及ぶ休校措置

資料2 生徒作品

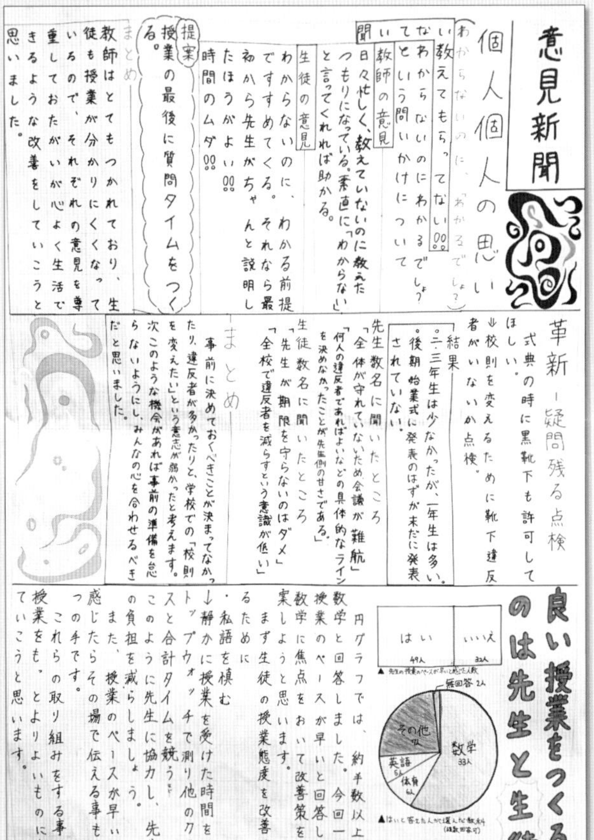

意見新聞

個人個人の思い

わからないのに、「わかるでしょ？」

聞いてない 教えてもらってない!!

わからないのにわかるでしょ？という問いかけについて

教師の意見
日々忙しく、教えていないのに教えたつもりになっている。素直に「わからない」と言ってくれれば助かる。

生徒の意見
わからないのに、わかる前提ですすめてくる。それなら最初から先生がちゃんと説明したほうがよい!! 時間のムダ!!

提案
授業の最後に質問タイムをつくる。

まとめ
教師はとてもつかれており、生徒も授業が分かりにくくなっているので、それぞれの意見を尊重しておたがいが心よく生活できるような改善をしていこうと思いました。

革新ー疑問残る点検

式典の時に黒靴下も許可してほしい。
⇓校則を変えるために靴下違反者がいないか点検。

結果
。二・三年生は少なかったが、一年生は多い。
。後期始業式に発表のはずが未だに発表されていない。

先生数名に聞いたところ
「全体が守れていないため会議が難航」
「何人の違反者であればよいなどの具体的なラインを決めなかったことが先生側の甘さである。」

生徒数名に聞いたところ
「先生が期限を守らないのはダメ」
「全校で違反者を減らすという意識が低い」

まとめ
事前に決めておくべきことが決まってなかったり、違反者が多かったりと、学校での「校則を変えたい」という意志が弱かったと考えます。次このような機会があれば事前の準備を怠らないようにし、みんなの心を合わせるべきだと思いました。

良い授業をつくるのは先生と生徒

円グラフでは、約半数以上が数学と回答しました。今回一番授業のペースが早いと回答した数学に焦点をおいて改善策を提案しようと思います。

まず生徒の授業態度を改善するために
・私語を慎む
↓静かに授業を受けた時間をストップウォッチで測り他のクラスと合計タイムを競う等

このように先生に協力し、先生の負担を減らしましょう。

また、授業のペースが早いと感じたらその場で伝える事も一つの手です。

これらの取り組みをする事で授業をもっとよりよいものにしていこうと思います。

国語
第3学年

本事例のNIE
新聞活用・新聞機能・新聞制作

事例のアクティブラーニングの重点
主体的・対話的で深い学び

「新聞の新聞」を作ろう！

1 小単元名　**魅力的な紙面で「○○新聞」の良さを伝えよう**（4時間扱い）

2 本小単元の目標　複数紙を読み比べ、新聞に関する疑問や気付きを見つけ、調べ学習や話し合い活動によって思考を広げたり、深めたりできる。さらに記事を活用して「新聞の新聞」としてまとめることにより、新聞の魅力を多角的に考えることができる。

3 NIEとしての狙い　記事を通して新聞の価値を自分なりの視点で考え、伝え合うことで、新聞のもつ魅力を再認識し、親しもうとする態度を養う。

4 本小単元の展開（4時間）

時	主な発問	学習活動／○生徒の反応	留意点／○資料等
1	•新聞に関する疑問や気付きを班で出し合おう	▶同じ日付の6紙（朝日・毎日・読売・日経・西日本・大分合同）から、班が担当する1紙を読んで特徴や感想を話し合い、全体で交流する ○「6紙に、それぞれ個性がある」「一面の内容だけでも違いが出ている」	•学習の見通しを持たせる •「○○新聞は、〜な新聞」と、その良さが伝わるキャッチコピーを考えることを念頭に置かせる •各紙についての疑問や気付きを出し合い、思考の切り口を増やせるように支援する
2（本時）	•各紙の特徴を伝え合いながら、自分の担当する新聞の特徴を確認しよう	▶班ごとに調べ学習と話し合い活動をする（同じ日付の6紙を並べて、班ごとに比較し、表にまとめる） ▶個々人で、「新聞の新聞」に使う記事や項目、内容をまとめる	○資料1 •班ごとに思考を深めるが、新聞制作は1人でするので、集めた記事の使い方は個人の判断とする
3	•「○○新聞」の良さを伝える新聞を各自で作ろう	▶下書きの題字や見出し、読みやすさを班内で点検した後、原稿用紙に清書する	•次時の発表会で全員の原稿を配布するほか、校内のNIEコーナーに展示する旨を伝える
4	•「新聞の新聞」発表会で、各紙の特徴を考えよう	▶1人当たり2分で発表する ▶全員の発表後、本単元の学習を振り返る ○「新聞社によって主張は異なる点もあるが、どれも取材した事実に基づく記事だ」	•紙面をモニターに映し、説明させる（資料2） •各紙に特徴がある理由についても考えさせたい

5 本時の板書計画（第2時）

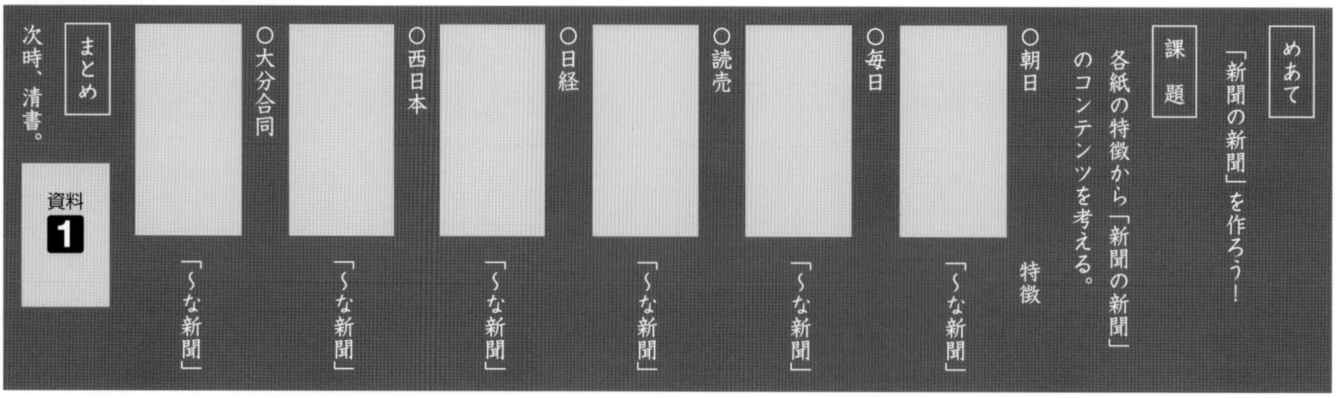

6 資料等

資料1 ワークシート

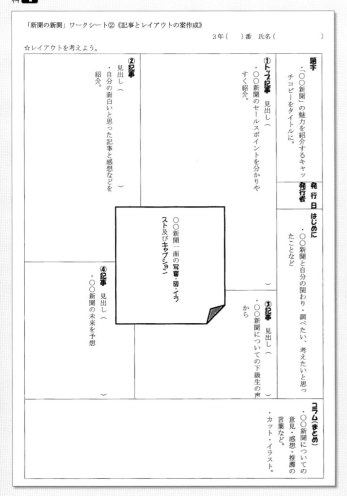

「新聞の新聞」ワークシート②《記事とレイアウトの案作成》

3年（　）番　氏名（　　　　）

☆レイアウトを考えよう。

題字
・「○○新聞」の魅力を紹介するキャッチコピーをタイトルに。

発行日
発行者

はじめに
・○○新聞と自分の関わり・調べたい、考えたいと思ったことなど

①トップ記事　見出し（　　　）
・○○新聞のセールスポイントを分かりやすく紹介。

②記事　見出し（　　　）
・自分の面白いと思った記事と感想などを紹介。

○○新聞一面の**写真・図・イラスト**及び**キャプション**

③記事　見出し（　　　）
・○○新聞についての下級生の声から

④記事　見出し（　　　）
・○○新聞の未来を予想

コラム（まとめ）
・○○新聞についての意見・感想・推薦の言葉など。
・カット・イラスト。

びびんこ　地域発 ミニ事件簿

「ダイエット中」背中で語る？

◇…大分市内の中学校補助教員、幸浩美さん(51)＝同市家島＝は生徒のお母さん的存在。10月のある昼休み、女子トークで盛り上がっているうち、「私はダイエットを頑張ってます♡」と書いたテープを背中に貼られた。「ユッキー先生」と慕う生徒が「先生に美しくなってほしい」と願いを込めた。

◇…その日の放課後、同市内のトキハ本店へ出掛ける用事があった。なぜか視線を感じ、顔をのぞきに来る人も。笑顔で近づいてきた高齢女性から激励され、「社会貢献に頑張ります」と元気よく答えた。実は地域福祉ボランティアで県社会福祉協議会の表彰を受けたばかり。

◇…「一夜にしてシンデレラになったのかも！」。意気揚々と帰宅し、風呂場で鏡を見ると「ぎょっ！」。目が点になった。翌日、生徒に話すと「まじ？　トキハに行くって言ってくれれば…」と全員で大爆笑。（坂本陽子）

大分合同新聞2020年11月17日付

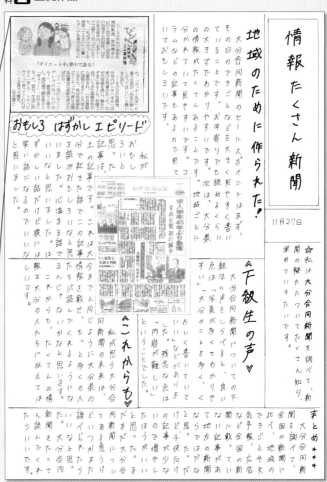

資料2 生徒作品

情報たくさん新聞

11月27日

☆私は大分合同新聞を調べて、新聞の魅力についてたくさん知り、深めていきたいです。

地域のために作られた！

大分合同新聞のセールスポイントはまず、その日のできごとなどを大きく見やすく書いていることです。お年寄りでも読めるくらいの大きさでわかりやすいです。次は、大分県の情報がたくさんあることです。地域ごとに分かれていて見やすいです。コラムなどの記事もあるので見ていておもしろいです。

おもしろはずかしエピソード

私がおもしろいと思った記事は、上の記事です。これは大分で起きた話でこの記事を読みおもしろいなと思いました。心温まる話でいいなと思いました。はずかしい話だけど後には笑い話になるのでいいなと思いました。

《下級生の声》

大分合同新聞についての下級生の声をしらべると、良い点は「写真が多くてわかりやすい」「大分のことを多く、くわしく書いていていい」などがありました。残念な点は「内容が難しい」ということでした。

《これからも》

私が思う大分合同新聞の未来は、今までと同じように大分県の情報を載せ、もっと多くの人たちが読んでくれるようになるんじゃないかなと思います。これからも、たくさんの情報を大分の人たちに伝えてほしいです。

まとめ★★★

大分合同新聞を調べて、全国の新聞に比べ、地域のできごとや天気予報、広告など全国の新聞に載っていない記事があって地方の新聞ならではだなと思った。だけど子供向けの記事が少ないので増やしたほうがいいと思った。まだまだ大分合同新聞についてあると思うけどいつかまた調べられたらいいなと思った。大分合同新聞をたくさん読んでくれたらいいです。

本事例のNIE
新聞活用・新聞機能・新聞制作

事例のアクティブラーニングの重点
主体的・対話的で深い学び

実社会での情報発信とメディアリテラシー

1 小単元名

新聞記事を読んで、情報発信について考えよう（3時間扱い）

2 本小単元の目標

現代社会は、ソーシャルメディア（SNS）の普及により誰もが気軽に情報発信できるようになった。その一方で、トラブルや事件も多発している。そこで、本単元では情報発信の問題点と留意点について考えさせる。

3 NIEとしての狙い

本単元は、情報発信の意義と注意点について学習した後の発展学習として位置付けたい。新聞記事から実社会での情報発信の問題点を捉え、自分たちが情報を発信するときの留意点を考えさせ、メディアリテラシーを育みたい。本小単元後に発展学習として新聞づくりを行い、生徒に情報発信させる。

4 本小単元の展開（3時間）

時	主な発問	学習活動／○生徒の反応	留意点／○資料等
1	・記事を読み、問題点を挙げてみよう	▶SNSでの誹謗（ひぼう）中傷がもとになって起きた事件に関する記事を読み、情報発信に関する問題点について話し合う ▶記事を読んだ感想を書く	・事件が起こった要因を考えることで、事実の確認と人権への配慮が欠かせないことに気付かせたい（資料**1**） ・書いた感想は新聞へ投書することを伝える（資料**2**）
2（本時）	・自分たちにどんな情報発信ができるか考えよう ・情報を発信するとき、気を付けることは何だろう	▶班ごとに、身の回りで情報発信できることを考える ▶情報発信するテーマを1つ選び、発信の際の留意点と発信手段を考える	・情報発信の留意点に関する観点を示して考えさせる（資料**3**）
3	・実際に情報発信したい事柄について考えたことを発表し合おう	▶各班で考えた事柄と、それを発信するときの留意点について発表する	・各班のワークシート（資料**4**）を投影しながら発表させる ・本単元での学習を踏まえて、実際に新聞を作って発信することを伝える

5 本時の板書計画（第2時）

情報発信について考えよう

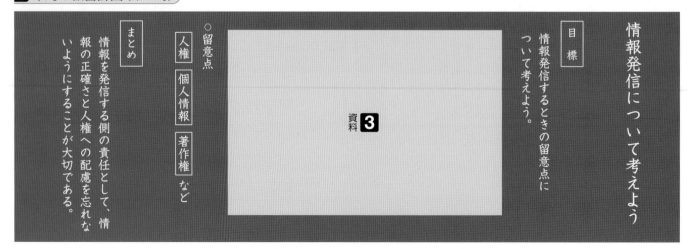

目標
情報発信するときの留意点について考えよう。

資料**3**

○留意点
人権
個人情報
著作権
など

まとめ
情報を発信する側の責任として、情報の正確さと人権への配慮を忘れないようにすることが大切である。

6 資料等

資料1　山陽新聞　2020年5月27日付朝刊

匿名盾にSNS暴力次々

■「テラハ」出演、木村花さん死去■

表層深層

リアリティー番組「テラスハウス」での言動から会員制交流サイト（SNS）で激しい誹謗中傷を浴びたプロレスラー、木村花さん(22)が23日に死去した。自殺とみられる。番組の盛り上げにSNSは不可欠だが、匿名を盾にした中傷が過激化した場合、鎮静させたくても発信者特定には高い壁があり、言葉の暴力は後を絶たない。（1面関連）

役　割

「ショーだからショーアップはするが台本も指示も一切ない。ドキュメンタリーと言っても問題ない撮り方」。かつて「テラスハウス」のプロデューサーは胸を張った。

リアリティー番組は出演者が冒険や恋愛に挑む様子を収録。先が読めない展開が支持されている。こうした番組に携わった民放関係者は「若者向けなので、SNSを絡めた盛り上げは不可欠」と話す。「出演者に入れ込んだファンが、他の出演者批判をするなどして燃え始める」と言い、ある程度の〝炎上〟は注目度上昇につながるため織り込み済みだ。

台本はないが分かりやすいよう、各出演者の役割は次第に決まってくるという。「テラスハウス」は男女6人のシェアハウスでの生活を映す。木村さんは、洗濯機に放置していたプロレス用衣装を同居男性が乾燥し、縮ませたことに憤った。プロレスでヒール（悪役）が板に付いていた木村さんが役割を全うした形といえるが、この場面の公開後、暴走した一部の視聴者からSNSで匿名の罵詈雑言を受け続けた。

【上から】「テラスハウス」の一場面（番組公式サイトより）▼「テラスハウス」の収録現場前に供えられた花＝25日、東京都内

つらい作業

SNS上で攻撃を受けた著名人は枚挙にいとまがない。モデル活動をする30代女性は、自身がデザインした衣装が「パクりだ」などと根拠のない情報を書き込まれ、中傷の的になった。勤務先や取引先にまでクレームが舞い込み「黙っていては被害が収まらない」と警察や弁護士に相談した。

発信者特定は高い壁

個人で地道に集めた情報を基に弁護士の力を借り、数カ月かけて一部の発信者を特定。中傷をやめるよう書面を送った。発信者には未成年が多く、ウェブ上の誤情報に乗り、正義を気取って嫌がらせに走った人もいた。

女性によると、プロバイダー業者などがウェブ上の情報を保全する期間は3カ月の場合が多く、素早い行動が必須。「自分で画像やURL、書き込み日時を保存しておくと相談する際に有利に働きます」。自身への中傷の再確認はとてもつらい作業だったという。

情報開示には、弁護士への着手金だけでも数十万円する費用や時間が必要で、損害賠償請求はさらに手間が掛かる。女性は「被害者が損をする仕組みはおかしい。問題ある発信者の情報を速やかに開示する仕組みを整えてほしい」と訴える。

桁違い

高市早苗総務相は26日、発信者の特定を容易にするため制度改正を検討する意向を示した。情報セキュリティ大学院大の湯浅墾道教授（情報法）は、悪質な匿名発信者の情報開示に何度も手続きが必要な現行のプロバイダー責任制限法について「メールやブログ時代に作られた法律で、SNS中心の現代に起きる桁違いの被害の大きさは考慮されていない。発信者の表現の自由と被害者の人権のバランスが変わっている」と指摘する。

匿名を悪用した中傷や自粛警察を例に挙げ「拡散のスピードが速すぎて、個人で止めるのは難しい。海外事業者にも適用できるよう実効性を担保した上で、歯止めをかける仕組みが必要だ」と話す。一方で内部告発などを萎縮させる恐れがあるとして「政治家ら公人への告発や批判は区別して考えるべきだ」とした。

資料2　山陽新聞　2020年6月16日付朝刊

匿名性の現実見て悲しく

中3（倉敷市）

5月27日付の「匿名盾にSNS暴力次々」という記事を読んで、プロレスラー木村花さんが死去したのは、インターネットの留意点が引き起こした事件だと思いました。授業で「インターネットに悪意のある情報が流れるのはなぜか」という先生の問いに悩んでいましたが、それは匿名性で自分を守れるからだと思いました。

この記事で、木村さんが匿名の激しい誹謗中傷を受けていたことが書かれていました。私は、匿名性の存在意義とは、ネット上で発信者のプライバシーを守ることだと思います。人を傷つける言葉を言って、責任を負わずに済むためのものじゃないです。他者になりすまして、人を突き落とすためのものでもありません。私は匿名性の現実を見て、悲しい気持ちになりました。

「木村花」と検索をかけると、「木村花　誹謗中傷　犯人」と関連ワードが出てきます。犯人を見つけたところで何があるのでしょうか。一人の犯人のせいにして、また誹謗中傷が始まるのでしょうか。匿名性はインターネットの気をつけるべき点だと思います。便利だからこそ、正しい使い方を心掛けた方が良いと思いました。

資料3　ワークシート

1 グループでどんな情報を発信できるか探してみよう。

発信する内容	発信する相手	発信することの価値	発信する手段
西日本豪雨から学んだこと	全国の人	・災害に対する意識が変わるかもしれない。 ・災害について考えるきっかけになってほしい	インターネット
国語や美術で作った作品の紹介	・地域の人 ・生徒の家族	人に紹介する目的で作ることによってよりよい作品ができる。	印刷物

2 1で考えた情報を発信するときに、どんなことに気をつけなければならないかを書き、話し合ってみよう。

内容についての責任	・まちがえた情報を発信しない。（正しい情報か確かめておく） ・誰が責任をとるか決める
誤解されない表現	・多くの人に分かりやすい表現を使う・大勢の人に見られることを忘れない ・情報を発信する前に複数の人に見てもらって意見をきく
人を傷つけない表現	批評ではなく好き嫌いで人を傷つけない表現にしておく。 印刷物にのせる作品を悪く紹介しない。・マイナスになるような表現や暴言などは書かない。
プライバシーの保護	名前はかくす 写真を載せる際は許可をとる。
著作権の意識	人の著作物が発信する内容に入っていないか確認しておく ・他の人の著作権を侵害しない。

資料4　ワークシート

発信する手段	発信することの価値	発信する相手	発信する内容
スマートフォンや雑誌、新聞など多くの人が見ることができるものに書きこむ。	・多くの人の命を守れる。 ・災害がおきたときに、慌てず行動ができる。 ・災害の怖さについて分からせることができる。	全国の災害を経験したことのない人たち	災害がおきたときの対処法

国語 第3学年

記事を読んで考えたことを投稿しよう

1 小単元名　**新聞記事を読み比べ、自分の意見や主張を文章化しよう**（4時間扱い）

2 本小単元の目標　記事を読み比べ、自分の考えをもち、それを文章化する活動を通して、大切なことが何かを見極めることが重要であると気付く。構成や表現を工夫した意見文を完成させ、投稿する。

3 NIEとしての狙い　日ごろ自分が接している新聞と他紙とを読み比べることで、情報の共通点や相違点を知る。また、比較した記事をもとに意見をまとめ、投稿する。さらに一連の活動を通して、情報収集能力、情報選択能力、情報活用能力を身に付ける。

4 本小単元の展開（4時間）

時	主な発問	学習活動／○生徒の反応	留意点／○資料等
1	•新型コロナウイルスに関する記事を読み比べ、その違いをまとめよう	▶同じ日の複数の新聞を読み比べ、共通点や相違点をまとめる（1人読み→班交流→全体交流）	•コロナ禍での買い占め、差別、自粛警察など、いくつかの視点を示す
2	•各班で記事を切り取り、グルーピングしよう	▶各班に配られた新聞から記事を切り取り、グルーピングする ▶グルーピングした記事から次時の意見文のテーマを探し、構成を考える	•グルーピングの際は、前時で提示した視点を参考にする •構成を考える際に付箋を活用する
3（本時）	•どの情報からどんな意見文を書くのかを決めよう	▶作文のテーマを決定する ▶前時で採用した記事と、意見文の構成を仲間に紹介する	•構成が「起承転結」「序論・本論・結論」になっていること、事実と意見を分けていることなど、良さを紹介する（資料1） •テーマが決まらない生徒には例文を示す
	•構成を考えながら、自分の意見や考えを意見文にまとめよう	▶不明な点は班内で相談しながら、個人で意見文を書き進める（「執筆→推敲（すいこう）」の手順）	•作業が進まない生徒には構成メモから見直しをさせる •早く作業が終わった生徒には班内の仲間を支援させる
	•授業を通して学んだことを振り返ろう	▶振り返りシートに記入する ○「思いや考えを発信したいと思っていた。完成できてよかった」	
4	•完成した意見文を班で交流し、良さを学び合おう	▶完成した意見文を班内で交流し合い、それぞれの作品についてコメントを書く ▶仲間から学んだことを振り返りとして記入する	•コメント記入用紙と作品をセットにして班内で回し、記入させる •「仲間から学んだこと」は別シートを作成して記入させる

※後日、発表内容を新聞社に投稿する（資料2～3）

5 本時の板書計画（第3時）

新型コロナウイルスをテーマに意見文を書こう

仲間の選択したテーマと構成①

仲間の選択したテーマと構成②

★例文

はじめ（事実）

•新型コロナウイルスで経営破綻した中小企業が53社

なか（事実と考え）

①経営破綻した企業のうち、中部地方は14社。業種別で見ると、宿泊業が14社、飲食店が9社、アパレル関係が8社。

旅館業は岐阜県内にもたくさんあるので、政府や岐阜県が支援をすることはできないか

②企業は「危機管理」をしておくべきだったのではないか

おわり（全体のまとめ）

新型コロナウイルスの拡大により、「コロナ破綻」している企業が増えている。これを防ぐには政府や県が支援することと、企業自体が「危機管理」を行い、防衛することが必要

本時の振り返り

6 資料等

資料1 ワークシート

作文　基本プリント

組	番	氏名

【課題】「新型コロナウイルス」の拡大について、考えること、思うことを原稿用紙に記入しよう。

★流れ

①何を書くかを考える。
②構成を考える。（何を、どんな順番で、どのような流れで書くのか）
③原稿用紙に書き始める。
・途中で諦め、最初から書き直すのは○
・文字数は４００－６００文字
④推敲する。
⑤交流する→新聞社へ送付

★具体的内容

●②の例

☆はじめ（事実）

・４月２２日付の岐阜新聞朝刊に「４月コロナ破綻５０社超」という見出しの記事があった。新型コロナウイルスの拡大によって経営破綻した中小企業が５３社になったという内容である。

☆なか（事実と考え）

・この記事を読み、私は二つのことを考えた。

①経営破綻した企業のうち、中部地方は１４社だった。また、業種別で見ると、宿泊業が１４社、飲食店が９社、アパレル関係が８社だった。旅館業は岐阜県内にも沢山あるので、政府や岐阜県が支援をすることはできないか。

②企業は「危機管理」をしておくべきだったのでは。「イートイン」から「テイクアウト」に切り替えた飲食店は、それができていた。

☆おわり（全体のまとめ）

新型コロナウイルスの拡大により、「コロナ破綻」している企業が増えている。これを防ぐには政府や県が支援することと、企業自体が「危機管理」を行い、防衛することが必要ではないか。

●②の例文

４月２２日付の岐阜新聞朝刊に「４月コロナ破綻５０社超」という見出しの記事がありました。新型コロナウイルスの拡大によって経営破綻した中小企業が５３社になったという内容でした。

この記事を読み、私は二つの疑問を感じました。一つは、経営破綻をしてしまう企業に対して、国や自治体、県が支援できなかったのだろうか、という疑問です。経営破綻は突然訪れるものではなく、前兆があると言います。前兆が表れた時点で企業が助けを求め、お金を支援していれば、経営破綻は免れたと思います。

もう一つは、経営破綻とした企業が「危機管理」を十分にしていたか、という疑問です。どの企業も倒産をしないように「危機管理」をしていると聞いたことがあります。例えば、飲食店の中には「イートイン」から「テイクアウト」に切り替え、経営を維持しているところもあります。「危機管理」がされていれば、こうした工夫もできたのでは、と思います。

これ以上のように、「コロナ破綻」を増やさないためにも、経営破綻をしてしまう企業に対して国や自治体、県が支援する点と、企業が「危機管理」を徹底させることが大事だと考えます。

★考えられる問題点

☆日本政府の対応
・ダイヤモンド・プリンセス号への対応
・各家庭にマスクを二枚配布（「アベノマスク」）
・各世帯人数に１０００００円ずつ支給
・新型コロナ拡大による企業の倒産
・臨時休校中の給食業者の経営破綻
・「非常事態宣言」の発令とその地域の現実
・オリンピックの延期

☆自治体や学校の対応
・グラウンドの開放
・学校の「臨時休業」　・ポストイン、家庭訪問
・入学式、始業式の実施と延期
・未履修問題　　　　・行事のカット、簡略化
・自治体独自の「非常事態宣言」の発令

☆世間の動き
・トイレットペーパーやマスクの買い占め、ネット販売での高値
・マスク、アルコール除菌のティッシュ、アルコール消毒液の不足、窃盗やケンカも発生
・留守宅（休業中の店なども）をねらって犯罪の増加
・感染者に対する「風評被害」
・志村けんさんの訃報への反響
・医療従事者に対する対応の違い
外国→医療従事者を拍手で送りだす国も＝彼らへの配慮と感謝　日本はどうか
・「外出自粛」要請に従わない企業や人たちの存在

★その他

・書き出しは以下の通り

一行目・・・上三マスを空けて題名を記入する。
二行目・・・「川辺町立川辺中学校　学年　氏名」
三行目・・・空ける。氏名が長い人はここに氏名を記入する。
四行目・・・一マスを空けて本文スタート。

・完成した作文は新聞社へ送る予定。

資料2 岐阜新聞 2020年6月29日付

「新型コロナ」川辺中生徒の意見

加茂郡川辺町、川辺中学校の生徒から、新型コロナウイルスに関する意見が、編集局に届きました。感染予防のための分散登校期間に、新聞記事を読んだ感想や意見を書いてくれました。その中から5点を紹介します。

大人げない

3年

新型コロナウイルスが広まってから数週間たち、家からマスクが消えたので、マスクを買うために午前9時開店のお店に朝の7時から並びました。

僕の前に、少し怖そうな男の人がいました。僕が地面に座っているのを見ると、その人は、地面に敷く物をくれました。人は見かけによらないと思いました。僕は心の中で、やっぱり、ここは良い町だなあと思っていました。

そんな中です。一番前に、急に知らないおじさんが入ってきたのです。横入りは良くないよなと考えていた時、僕の前にいた怖そうなおじさんが「横入りはやめてくれや」と言いました。すると、その横入りのおじさんは「いすを置いている。前に来た」と言い張っています。先頭の人とは関係なさそうです。怖そうなおじさんは、大きな声で「後ろに行ってくれ」と言いました。でも、入ってきたおじさんは「前も同じようにやった」と言って、全然動く気配はありません。なんで動かないのかと、僕は正直おどろきました。普通に考えて後ろに行くと思いますが、その人は動こうとしません。

すると、怖そうなおじさんは「これでマスクが買えなかった人は、後で近くに来て」と言いました。買えなかった人にマスクを分けるつもりのようです。なんで同じ人間なのに、ここまでの差があるのか。「横入りのおじさんは、大人げない」と、僕は本気で思いました。新型コロナウイルスによって、人間のみにくさが現れたと思いました。

最後の中学校生活

3年

私たちの学校は、2月の終わりごろから、新型コロナウイルス感染拡大防止のため、臨時休校となりました。

楽しみにしていた行事は中止になったり、延期にしたりするなど対応が取られました。このことは休校になって、「もしかしたら」と思っていましたが、聞いたときは、とても悲しかったです。

中学校3年生の最後の学校行事が、できなくなりました。「残念、悲しい」という気持ちと並んで、「感染を広めないためには仕方ない」という「あきらめ」のような気持ちもありました。

私には、弟がいます。弟は今、中学2年生です。弟や後輩たちが3年生になったとき、同じような思いはさせたくないです。

だからこそ、新型コロナウイルスが、早く終息してほしいと思います。

コロナウイルスについて思ったこと

3年

新型コロナウイルスによって、僕が通う学校も3カ月近く臨時休校となりました。その間に、良いことと悪いことがありました。

悪いことは、誤情報に人々の生活がおびやかされている問題です。SNS（会員制交流サイト）で新型コロナウイルスの情報を得る人も多いと思います。その中には、誤情報を信じてしまうことも少なくはないと思います。非常事態には、震災の時も同じようなことが起こりました。正しい判断をする必要があります。

良い点は、家族との会話が増えたことです。僕は普段、家族との会話をする機会が少なく、いつもきょりを感じていましたが、臨時休校になったことにより会話をする機会が増え、きょりがぐっと縮まったような気がします。

まだ、感染拡大の第2波が来るかもしれないので、気をつけつつ、生活していきたいです。

家族との絆を大切にして

1年

新型コロナウイルスにふりまわされるのはもう限界ですが、良かったこともありました。家族で過ごす時間が増えたことです。

新型コロナがいやだと言っても仕方がないと思っています。だから、私は、家族との会話を増やしたり、一緒に散歩やサイクリングなどをして、家族を大切にしています。料理をしたり、家のことを手伝ったりして、絆を深めてきました。

新型コロナが終息しても、家族でふれあう機会は作れると思います。感染の被害が続いても、収まっても、これからも、この家族の絆を大切に生活していきたいです。

買いしめやデマ

1年

テレビで新型コロナウイルスについて報道していました。マスクを買う人の列ができているのを見ました。ほかにも、トイレットペーパーが買えなくなるということや、納豆を食べると新型コロナウイルスにかかりにくいと「デマ」を言っている人がいました。

なぜデマを言うのだろう。なぜ、こんな時期にデマを流すのかと思いました。なぜだまされてしまうのだろうと思いました。僕は、それは本当のことなのかと考えたり、ニュースなどを見たりして、デマにだまされないようにしたいと思いました。なので、デマをSNSなどにはあげません。

資料3 岐阜新聞 2020年7月26日付

ティーンズボイス

コロナに偏見 温かい目必要

加茂郡川辺町

（川辺中2年・13歳）

最近、新型コロナウイルスの影響で、いじめや差別を受けると聞きました。特に医療従事者の子どもです。いじめや差別をなくすには冷たい目で見るのではなく、温かい目で見てあげてほしいです。

今年開催予定だった東京オリンピックが来年に延期され、選抜大会や夏の甲子園大会、中体連の大会などの中止という話題も多く報道されています。

特に中学、高校の3年生は、頑張ってきた成果を発揮する場がなくなってしまい悲しいと思います。けれど無理やりやると、感染者が増えて、もしかしたら死者が出てしまうかもしれません。

このような状況を早く収めるため、これからを生きる僕たちは、一人一人が意識を高めて、日頃から危機感を持って生活をしていく必要があると思います。

不要不急時の 行動見直して

加茂郡川辺町

（川辺中2年・13歳）

最近、どのニュース番組を見ても新型コロナウイルスの話ばかりです。学校の休校や施設の閉鎖など、さまざまな影響がありました。突然卒業になった学生や仕事を失った社会人、一生懸命働いてくれた医療従事者など、たくさんの人が苦しめられ、つらい生活を送ることになりました。

そんな中、あるニュースを見てとても腹が立ちました。世の中が大変な状況なのに、平気で不要不急の外出をしている人がいるというのです。パチンコ店に集まる人や街中で遊ぶ若者など、大人になっても周りのことを考えず行動する人たちに、とてもがっかりしました。

外国人から「マナーをしっかり守り、とても気遣いができる」という印象を持たれることが多い日本人です。こういう時にこそ、日本人の良さを最大限に生かして行動できたら、もっと感染を抑えられるのではないでしょうか。これを機に、自分の考えや行動を見直して、もっと思いやりのある世の中になってほしいです。

社会
地理

本事例のNIE
新聞活用・新聞機能・新聞制作

事例のアクティブラーニングの重点
主体的・**対話的**で深い学び

アフリカ州――ともに夢を実現するパートナーとして

1 小単元名　**世界の諸地域　アフリカ州**（6時間扱い）

2 本時の目標　「TICADゲーム――ニコニコランド大統領の選択」（板書内参照）を通して、日本とアフリカ州が互いに協力すれば、真の互恵関係（パートナーシップ）を築けることを理解する。

3 NIEとしての狙い　新聞記事は「今」を伝える媒体であり、時系列で追っていくことで変化を読み取ることができる。具体的に第7回アフリカ開発会議（TICAD7、2019年）の開催から閉幕までを追い、今後の日本とアフリカの関係性について考える。

4 本時の展開（3/6時間）

	主な発問	学習活動／○生徒の反応	留意点／○資料等
導入	●アフリカにはどんな可能性と課題があったか発表しよう	▶可能性：20億人市場、豊富な鉱産資源、高い経済成長率 ▶課題：モノカルチャー経済、民族紛争	●キーワードとなる語句を掲示し、前時の復習を行う
展開	●学習問題「真の『互恵関係』とは」について考えよう	▶ニュース番組を視聴する ○「先進国の日本は、アフリカを支援することがパートナー関係なのではないか」	●「互恵関係」が平等な関係のうえで成り立つことをおさえる ○VTR
	●「TICADゲーム」を通して、気付いたことを発表しよう	▶「TICADゲーム」を行う ○「互いに非協力だと全体の利益は最低」「互いに協力すれば全体の利益は最高」	●互いが「協力」することが全体の利益を高めることに気付かせる ○資料12、ゲーム内容掲示物、カード
	●日本とアフリカの互恵関係についてまとめよう	○「資源や人材が豊富なアフリカに対して、日本が投資や技術協力を積極的に行う関係になれば、真のパートナーになれる」	●アフリカの課題や可能性を踏まえて、ワークシートにまとめさせる
まとめ	●記事から今後のアフリカと日本との互恵関係について考えよう	▶記事を読んで、今後の互恵関係について具体的なアイデアを出し合う ○「経済だけでない文化的互恵関係も築く」	●記事を配布し、次時のパブリックディベートにつながる部分に下線を引かせる ○資料34

5 本時の板書計画

アフリカ州

〈可能性〉
・20億人市場・豊富な鉱産資源
・高い経済成長率　など

〈課題〉
・モノカルチャー経済・民族紛争

TICAD7
・2兆円超の投資
・「共に夢を実現するパートナー」???

【主張】日本とアフリカは、夢を共に実現するための真のパートナーである　互恵関係

【理由付け】資源や人材が豊富なアフリカに対して、日本が投資や技術協力などを積極的に行えば、全体の利益が最大になる関係を生み出すことができるから

【根拠】日本もアフリカも互いに協力すれば、全体の利益は最大になる

TICADゲーム――ニコニコランド大統領の選択
・1兆円を相手に渡すかどうかを考える
・もし、相手が渡してくれれば、さらに1兆円を得られる

アフリカ（上：渡す／下：渡さない）　日本（右：渡す／左：渡さない）

	日本：渡さない	日本：渡す
アフリカ：渡す	ア：0 日：1兆＋1兆＋1兆＝3兆 計3兆円	ア：1兆＋1兆＝2兆 日：1兆＋1兆＝2兆 計4兆円
アフリカ：渡さない	ア：1兆 日：1兆 計2兆円	ア：1兆＋1兆＋1兆＝3兆 日：0 計3兆円

①自分の利益が最大となる選択は？
→自分は渡さない（非協力）が相手は渡す（協力）
→全体の合計金額3兆円

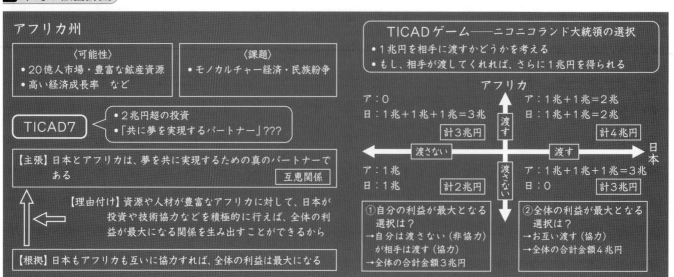

②全体の利益が最大となる選択は？
→お互い渡す（協力）
→全体の合計金額4兆円

6 資料等

資料1 手紙（TICADゲーム）

　このプリントを開いた瞬間から、絶対に声を出したり、周囲の人と話をしたりしないでください。

　あなたは、世界でも豊かな国として有名なニコニコランドの大統領です。お隣に座っているのは、資源や人口には恵まれていますが、発展しているとはまだまだ言えないマダマダランドの大統領です。

　今、あなたはマダマダランドに１兆円の投資をするか悩んでいます。なぜなら、あなたの国は資源も乏しく、少子高齢化が進み、今後の未来に不安を抱えているからです。

　もし、あなたが１兆円の投資をすると、マダマダランドから１兆円分の資源や労働力の協力を得られ、さらに１兆円の利益が生み出されます。しかし、投資をしても、マダマダランドからは一切何も返ってこない危険性もあります。この場合、間違いなくマダマダランドはニコニコランドから得た１兆円で、さらに新たな１兆円という利益を得ます。

　一方、あなたが投資をしなくても、マダマダランドの方から一方的に１兆円分の資源や労働力の提供があるかもしれません。この場合、なんとさらに１兆円の利益が見込まれます。つまりニコニコランドは、全くお金を出さずして２兆円も得ることができます。

　また、お互いに何もしないという選択肢もあります。もちろんこの場合、ニコニコランドとマダマダランドには何の関係性も生まれません。

　さて、ニコニコランドの大統領であるあなたは、１兆円をマダマダランドに投資しますか？？？

資料2 ワークシート

アフリカ州　　　　（ ）組（ ）番 名前（　　　　　）

【主張】
日本とアフリカは、夢を共に実現する真のパートナー（互恵関係）である。

【理由付け】
共に協力した方が、どちらにとってもいい利益になり、今後とも支えあう関係を続けていけるから。そして、相手にはあるが自国にはないものを協力することによって、おぎないあえるから。
瀬尾君の意見
相手の貿易をさかんにし、日本の資源不足の解決にちかづく。
みんなの意見　日本 → 投資・教育・技術・医りょう
アフリカ → 資源・人材

【根拠】　<「TICAD ゲーム～ニコニコランド大統領の選択～」でわかったこと>

	渡す(協力)？ 渡さない(非協力)？
①ニコニコランドの利益が最大になる選択は？	ニコニコランドは（渡さない（非協力））、相手は（渡す（協力））。
②相手の利益が最大となる選択は？	ニコニコランドは（渡す（協力））、相手は（渡さない（非協力））。
③全体の利益が最も小さくなる選択は？	ニコニコランドは（渡さない（非協力））、相手は（渡さない（非協力））。
④全体の利益が最も大きくなる選択は？	ニコニコランドは（渡す（協力））、相手は（渡す（協力））。

日本とアフリカが共に協力すると、全体の利益が最大になる。

資料3

宮崎日日新聞　2019年8月29日付

アフリカ民間投資2兆円

首相表明　日本企業進出促す

開発会議開幕

　日本政府が主導し、アフリカの経済発展を巡り議論する第7回「アフリカ開発会議（TICAD）」が28日、横浜市で開幕した。安倍晋三首相は開会式で基調演説し、日本の対アフリカ民間投資が今後3年で200億ドル（約2兆1千億円）を超えるよう後押しする考えを表明した。アフリカへの日本企業の進出拡大が狙い。産業振興に向け6年で3千人の人材を養成するとも訴えた。日本政府は開幕に合わせ、財政悪化に苦しむ国の債務管理支援などアフリカへの協力事業を発表した。（6面に関連記事、5面に首相演説など要旨）

　中国などが「最後の巨大市場」と呼ばれるアフリカへの進出競争を展開する中、日本の民間投資をさらに増やすことで、アフリカでの存在感を高める考えだ。最終日の30日に成果をまとめた「横浜宣言」を採択する。

　日本政府が明らかにした対アフリカ支援では、中国の過剰融資で債務超過に陥る「債務のわな」問題について、財政事情が悪い国に債務管理の専門家を派遣するほか、延べ30カ国の担当者に研修を実施。日本企業進出を促すため、エジプトや南アフリカなど7カ国との間に「ビジネス環境改善委員会」を新設すると掲げた。

　首相は基調演説で、日本からのアフリカへの民間投資に関し、この3年で200億ドルに達したと言及。その上で「この勢いが日々新たに塗り替えられるよう、全力を尽くす」と強調した。「日本企業のアフリカ進出を助けるため、あらん限りの策を講じる」と語った。

　アフリカの保健レベル向上へ協力する方針も説明。300万人が新たに基礎医療の恩恵を受けられるようにするとした。

　首相が提唱する「自由で開かれたインド太平洋」構想を念頭に、インド太平洋地域での「法の支配」維持が重要だと呼び掛けた。日本が目指す国連安全保障理事会改革への協力も求めた。

　会議には、アフリカから53カ国が参加。首脳級は過去最多の42カ国だった。首相と共にエジプトのシシ大統領が共同議長を務める。首相演説後には「アフリカ開発の将来」などを議題とする全体会合を開催した。

資料4

宮崎日日新聞　2019年8月30日付

アフリカ開発「借金漬け」

首相、中国過剰融資けん制

2日目討議

　横浜市で開催中の第7回「アフリカ開発会議（TICAD）」は29日、2日目の討議を実施した。安倍晋三首相は、日本の企業関係者が参加する「官民ビジネス対話」に出席し「相手国が借金漬けになっては、皆さまの進出を妨げる」と指摘。開発に伴いアフリカの一部の国が債務超過に陥っている問題を念頭に中国をけん制した。

　中国の過剰融資を受けた国の財政悪化問題を巡り、債務管理の専門家を派遣するほか、延べ30カ国の担当者にリスク管理の研修を実施する計画を重ねて紹介した。

　首相は「アフリカの市場規模は拡大の一途だ。大陸全土が巨大経済圏になる日が見えている」と訴え、日本企業に積極的な進出を働き掛けた。日本政府が、質の高いインフラ整備や産業を担う人材育成を支援し、進出を後押しする考えも示した。内戦が続いたアフリカ大陸東端地域の平和と安定を議題とする会合では「平和構築への取り組みを支持し、支援を約束する」と語った。

　河野太郎外相は海や川、湖などの保全と経済開発を議題とするテーマ別会合であいさつし、漁業、港湾施設管理、海洋安全保障の3分野で日本が今後3年に計千人の人材を育成する方針を表明した。日本が提唱する「自由で開かれたインド太平洋」構想にも触れ、アフリカが目指す海洋分野での繁栄に「完全に合致する」と理解を求めた。

　「持続可能な社会」を議題にアフリカの医療の向上や教育普及などを巡る課題を議論する全体会合も開かれた。

本事例のNIE
新聞活用・新聞機能・新聞制作

事例のアクティブラーニングの重点
主体的・対話的で深い学び

児童労働と貧困を多面的・多角的に考える

1 小単元名 世界の諸地域　アフリカ州（5時間扱い）

2 本時の目標 児童労働の原因である貧困の打開策について、学習した内容をもとに自分の考えをもち、表現することができる。

3 NIEとしての狙い 記事の内容を要約し、意見等を記述させることを通して、読解力や表現力の育成を図る。さらに、世の中で起きていることと学習との関連を具体的に発表する。

4 本小単元の展開（5時間）

時	主な発問	学習活動／○生徒の反応	留意点／○資料等
1	・アフリカ州の自然環境の特色はどのようなものか	▶アフリカの自然環境について調べる ○「多様な自然環境がある」「砂漠やジャングルがあり、野生動物がいる」	・映像資料や写真などを活用して、生徒のアフリカに関するイメージが広がるようにする
2	・アフリカとヨーロッパの国々には、どのようなつながりがあるか	▶アフリカの歴史と文化について調べる ○「ヨーロッパ諸国から植民地支配を受けていた」	・植民地支配の歴史について、資料から大まかに捉えられるようにする
3	・特定の農産物の生産だけを行うことの問題点は何か	▶アフリカの産業と経済を支える輸出品について調べる ○「農業や鉱産資源など、第1次産品に頼っている」	・資料から、モノカルチャー経済の問題点を読み取り、理由を考えて整理させる
4（本時）	・子供が働かざるを得ないほどガーナが貧困である理由とは何か	▶アフリカ州の児童労働について調べる ○「モノカルチャー経済という経済基盤なので、世界経済や自然災害の影響を受けやすい」「子供も働かざるを得ない貧しい経済状況だ」	・スクラップシートと映像資料から児童労働の原因に着目させる ・児童労働の実態への理解が深められるように助言する ○資料**1** **2**
5	・アフリカ諸国は、問題を解決するためにどのような努力をしているのだろうか	▶アフリカ州の自立への道について考え、発表する ○「各国政府は、子供の社会保障を優先してはどうか」	・アフリカ諸国の自立への努力、アフリカ連合の動きなどを、持続可能な開発目標（SDGs）の視点でも捉えられるように助言する

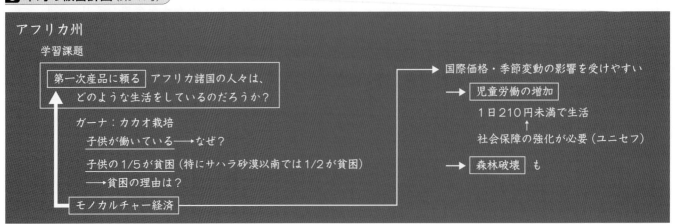

5 本時の板書計画（第4時）

アフリカ州

学習課題

第一次産品に頼る アフリカ諸国の人々は、どのような生活をしているのだろうか？

ガーナ：カカオ栽培

子供が働いている──→なぜ？

子供の1/5が貧困（特にサハラ砂漠以南では1/2が貧困）

──→貧困の理由は？

モノカルチャー経済

→ 国際価格・季節変動の影響を受けやすい

→ 児童労働の増加

1日210円未満で生活

↑

社会保障の強化が必要（ユニセフ）

→ 森林破壊 も

6 資料等

資料1 茨城新聞 2019年2月7日付

子ども5人に1人極貧

ユニセフが報告書

1日210円未満 社会保障強化が急務

【ジュネーブ共同＝小林義久】国連児童基金（ユニセフ）は5日、世界の子どもの5人に1人に当たる約3億8500万人が1日1・9ドル（約210円）未満の極貧状態で生活しているとする報告書を発表した。一方で社会保障の保護がある子どもは世界全体で35％にとどまっており、子どもを貧困から救うための社会保障強化が急務だと訴えた。

日本は先進国の中でも子どもの貧困率が高い水準とされ、政府の貧困対策には不十分との批判がある。

報告書は「多くの国で財政再建を理由に子どもの社会保障費をカットしている」と指摘、各国に貧しい子どもを置き去りにしないよう求めた。

報告書は国際労働機関（ILO）との共同発表。世界の子どもの約半数が1日3・1ドル未満で生活するなど「どこでも子どもの貧困はみられる状態だ」と指摘した。特にアフリカや南アジアでは貧しい子どもが多く、サハラ砂漠以南のアフリカでは子どもの約半数が極貧状態。先進国でも社会問題化しており、経済協力開発機構（OECD）加盟の27カ国で子どもの貧困率が10％を超えているとした。

報告書は子どもを児童労働の危険から救い、貧困から脱出させるためには社会保障の充実が重要だと強調。しかし社会保障には国による格差があり、欧州と中央アジアでは9割近くの子どもが保護の対象だが、アジアでは約3割、アフリカで2割未満の少なさだとした。

ユニセフ高官は「貧困は子どもに最もひどい打撃となり、その影響は生涯続く恐れもある」と指摘、各国は子どもを最優先とし、全ての子どもを貧困から保護できるようすべきだと強調した。

資料2 茨城新聞 2021年2月14日付

チョコの実情、甘くない

カカオ栽培、児童労働温床

米環境団体調査 日本企業は「対策不十分」

チョコレートの実情は甘くない―。チョコの原料カカオの栽培は児童労働の温床になっており、それを扱う日本企業の取り組みは「不十分」との調査結果を米国の環境団体が13日までに公表した。バレンタインデーを機に「消費者も児童労働に頼らないチョコを選んではしい」と訴える。

調査した米国の「マイティアース」によると、日本がカカオの8割を輸入している西アフリカ・ガーナでは、70万人以上の児童がカカオ栽培に従事している。学校に行けなかったり、劣悪な環境で働いたりしている児童が多く、農園を造るための森林破壊も深刻だという。

同団体は伊藤忠商事、不二製油グループ本社、明治ホールディングス、森永製菓の4社について、児童労働や森林破壊への対応など7項目を4段階で評価。4社とも、最も良い「業界をリード」との段階だと評価された項目はなかった。

児童労働では、不二製油が上から2番目の「最低限の内容をおさえている」、森永が3番目の「改善が必要」、伊藤忠と明治は最も下の「方針がない、または方針が悪い」だった。

森林破壊と地球温暖化対策では、伊藤忠と不二製油は上から3番目、明治と森永は最も下と評価された。賃金が十分かどうかについては、不二製油が2番目の評価となったが、ほか3社は最も下の評価だった。

日本企業4社の評価
※米国の環境団体による

	児童労働	森林破壊	賃金
伊藤忠商事	方針がない、または方針が悪い	改善が必要	方針がない、または方針が悪い
不二製油グループ本社	最低限の内容をおさえている	改善が必要	最低限の内容をおさえている
明治ホールディングス	方針がない、または方針が悪い	方針がない、または方針が悪い	方針がない、または方針が悪い
森永製菓	改善が必要	方針がない、または方針が悪い	方針がない、または方針が悪い

凡例：最低限の内容をおさえている／改善が必要／方針がない、または方針が悪い

カカオの実をなたで割るガーナの子ども（NGO「ACE」提供）

本事例のNIE
新聞活用・新聞機能・新聞制作

事例のアクティブラーニングの重点
主体的・対話的で深い学び

ブラジルの経済成長と格差

1 小単元名　**南アメリカ州**（3時間扱い）

2 本時の目標　モノカルチャー経済から脱し、経済成長を遂げる一方で、経済格差といった負の側面もあるブラジルの姿について理解することができる。

3 NIEとしての狙い　日本とブラジルとの交流の歴史やブラジル国内の経済格差などについて、記事中にある年表や写真、資料などから読み取る。

4 本時の展開（1/3時間）

主な発問	学習活動／○生徒の反応	留意点／○資料等
•2011年のGDPランキング7位にランクインした国はどこか	▶2011年の2位は、前年に中国が日本を抜いたことについて既習しているので、対話しながら確認する ▶2011年の7位については予想する	•2001年と11年のGDPランキングトップ10を提示する（ただし、11年の2位と7位は空欄にておく） •最新のランキングも用意しておく
•日本とブラジルの歴史的な関わりを調べよう	▶日本からブラジルへの移住の目的を調べる ○「日本の農村の貧困解消のためだ」「コーヒー農園で働く人が多かった」	○資料**1**
•ブラジルのコーヒー生産はどうなっているのだろう	▶ブラジルが世界一のコーヒー生産国であり、モノカルチャー経済にあったことに気付く	•アフリカ州の学習で既習のモノカルチャー経済について確認する（1970年にはブラジルの輸出品の35.9%がコーヒー）
•近年の輸出品はどうなっているのだろう	▶近年の輸出品について調べる ○「原料や工業製品なども多い」「多様化してきている」「モノカルチャー経済を脱した」	•地図帳の統計資料などを活用するとよい
•経済成長でブラジルの人々は豊かになったのか	▶サッカーワールドカップやリオ五輪を開催する一方で、スラムに暮らす人々も多く、経済格差に課題が残ることを発表する	•新型コロナウイルスの感染状況など、ブラジルが抱える経済格差と貧困層の現実を記事で確認する（資料**2** **3**）

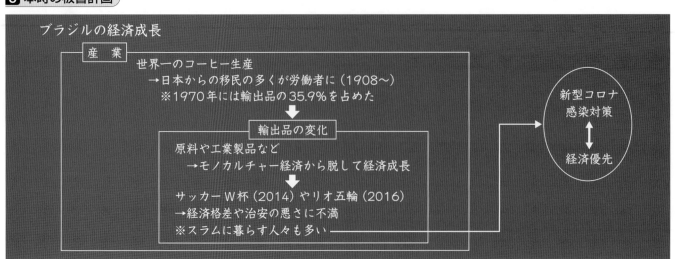

5 本時の板書計画

ブラジルの経済成長

産　業

世界一のコーヒー生産
　→日本からの移民の多くが労働者に（1908〜）
　※1970年には輸出品の35.9%を占めた

↓

輸出品の変化

原料や工業製品など
　→モノカルチャー経済から脱して経済成長

↓

サッカーW杯（2014）やリオ五輪（2016）
→経済格差や治安の悪さに不満
※スラムに暮らす人々も多い →

新型コロナ
感染対策
↕
経済優先

6 資料等

資料1　毎日新聞 2018年7月27日付朝刊

日本人のブラジル移住の歴史

(年)	
1908	最初の移民船が南東部サントス到着
15	初の日本語学校開校
25	日本政府が船賃を支給する国策移住開始
29	北部パラー州に移民が到着しアマゾン移住開始
38	ブラジルの同化政策で日本語学校閉鎖
41	第二次大戦に伴い日本人移民受け入れ停止。邦字新聞発行停止
42	日ブラジル国交断絶。日本語使用禁止
45	ブラジルが日本に宣戦布告。終戦後、日系人の間で戦争の「勝ち組負け組抗争」
51	日ブラジル国交回復
53	日本人移民受け入れ再開
54	日系人初のブラジル連邦議員誕生
59	移民男性と結婚する「花嫁移民」が初めて到着
69	日系人初のブラジル連邦政府大臣誕生
73	移民船による移住廃止
80	サンパウロ市議会が「日本移民の日」を制定
90	日本の改正入管法施行で日系人の日本への出稼ぎが急増
2008	移住100周年
17	日本政府が広報拠点「ジャパンハウス」をサンパウロに開設
18	日本で日系４世の労働を認める在留制度開始

資料2　東奥日報 2020年2月7日付

記者の視点

治安、改善どころか悪化

フラビオ・カントのインタビューで訪れた昨年12月、ブラジルのニュース番組で連日トップを飾ったのがファベーラでの事件報道だった。当局や非政府組織（NGO）の努力もむなしく、ファベーラの治安は改善どころか悪化の一途をたどっている印象を受けた。

ファベーラを根城にする麻薬組織の抗争があちこちで激化し、ラファエラ・シウバが生まれ育った「シダジデデウス」では少年たちが銃で撃ち合う様子が報道ヘリから実況中継されていた。今回の取材で「ビジガル」には案内人に頼って入れたが、9月に別の記者が試みた際は、銃撃戦の巻き添えになると断られた。

最大都市サンパウロ南部の「パライゾポリス」では、軍警察による組織掃討作戦が失敗して14～23歳の9人が誤って射殺される事件が発生した。貧困から抜け出せないだけで何の罪もない若者たちを襲った悲劇を、法務・公安相のモロは「看過しがたい過誤」と認めた。

リオ五輪前、多くの住民から「五輪後が恐ろしい」と聞いていた。抗争が一時的に沈静化した2016年の夏が幻のようにも思えてしまう。

（敬称略、共同通信運動部次長・戸部文嗣）

資料3　毎日新聞 2020年6月18日付朝刊

譲れぬ「経済優先」

ブラジル 感染世界2位

中南米のブラジルで、新型コロナウイルスの感染拡大が深刻化している。貧困地区を中心に急速に広がり、感染者数と死者は米国に次いで、それぞれ世界2番目の多さとなった。しかし、新型ウイルスを「ちょっとした風邪」と軽視する元軍人で極右のボルソナロ大統領は「経済優先」の姿勢を崩さない。さらなる感染拡大も懸念される中、社会・経済活動を再開する動きが加速している。【サンパウロ山本太一、写真も】

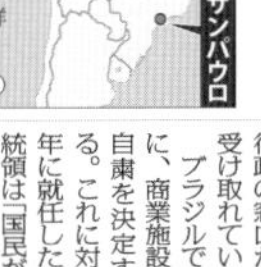

検証

「新型ウイルスが危険なのは十分わかっている。それでも、仕事を続けないと生きてはいけない」。最大都市サンパウロ市の貧困層地区ブラジランジアの通りで11日、キャッサバ芋を売っていたカルリト・バチスタさん(30)は、苦しい胸の内を打ち明けた。

人口約25万人のブラジランジアでは、住民の大半がファベーラと呼ばれるスラム街に住んで、「その日暮らし」をしている。衛生状態も悪く、新型ウイルスによる死者数は250人以上に達した。感染の中心地になっているサンパウロ市の中でも被害が深刻な場所だ。

サンパウロ市では、今月5日まで2カ月半にわたり、経済活動の制限が続いていた。バチスタさんも感染予防の重要性は痛感していたが、「妻は失業中だし、自分が働かないと自宅の家賃すら払えなくなる」。思い悩んだ末、結局、警察当局から閉店を求められても、毎日、キャッサバ芋を売り続けるしかなかった。政府の貧困層向けの生活支援金600レアル（約1万2000円）も申請したが、行政の窓口が混乱し、まだ受け取れていない。

ブラジルでは州政府や市に、商業施設の閉鎖や外出自粛を決定する権限がある。これに対し、2019年に就任したボルソナロ大統領は「国民が飢えて死ぬ」と州政府などを批判し、経済活動の再開を強く求めてきた。感染拡大で生じる人的被害よりも、経済活動を再開しないリスクの方が、国にとってダメージが大きいと判断したからだ。

富裕層や経済界を支持基盤とするボルソナロ氏が反面教師とするのが、15、16年にマイナス成長に陥る深刻な不況をもたらした当時の労働党政権。貧困層への社会保障費を増やし、財政規律が緩んだ「大きな政府」が、結果的に経済の足を引っ張った。財政が硬直化し、輸出の多くを占める資源の国際価格が低迷した景気後退局面でも「バラマキ」を続けざるを得なかった。

これに対し、ボルソナロ政権は、経済自由主義を掲げ、財政規律を重視する「小さな政府」への転換を目指してきた。経済政策の司令塔はパウロ・ゲジス経済相。市場原理を重視したノーベル経済学賞受賞者、故ミルトン・フリードマンが教壇に立った米シカゴ大出身の経済学者だ。政権は19年、大きな財政負担になっていた年金支出を削減し、20年は国営企業の民営化などの改革を進める。経済成長率は20年には2％以上に回復すると見込まれていた。

ところが、コロナ禍で成長率は落ち込み、マイナス幅は5％以上になる見通しだ。正規雇用者だけでも約200万人が失業保険を申請。失業保険などの枠組みから外れたインフォーマル（非公式）労働者約4000万人の多くが失業したとみられる。巨額の財政支出の財源不足に悩む経済省は、世界銀行など複数の国際機関から40億ドル（4300億円）の借り入れを目指す。

ただ、サンパウロ市では今も1日3000人規模で感染者が増え続ける。南半球が冬を迎える中、経済優先の姿勢が、今後さらに感染拡大に拍車をかけるとの懸念は根強い。

上ファベーラと呼ばれるスラム街が広がるブラジランジア　下キャッサバ芋などを売る「路上販売」が復活したブラジランジアの大通り＝サンパウロで11日

「強権」大統領 進む「分断」

「熱帯のトランプ米大統領」と呼ばれるボルソナロ氏は、過激な言動に加え、強権的な政治姿勢が目立つ。労働党など野党勢力は「民主主義の危機」と反発し、同氏への辞任圧力を強めている。双方の支持者が街頭デモで衝突するなど「社会の分断」が進んでいる。

象徴的なのが、新型ウイルスの感染拡大を防ぐため、外出規制を導入した自治体を支持した医師出身の保健相2人をそれぞれ約1カ月で事実上更迭した人事だ。ボルソナロ氏は、トランプ氏と同じく抗マラリア薬の新型ウイルス患者への積極使用を主張したが、2人は「安全性が確認されていない」と医学的な見地から反対していた。「大臣不在」の異常事態が続いた5月下旬には、軍出身の暫定保健相に抗マラリア薬の使用を同意させ、使用の全面解禁を通達。しかし、地域の医療行政を担う多くの州知事は今も従っていない。

さらにボルソナロ氏は保健省幹部ポストに相次いで古巣の軍出身者20人以上を起用。各州を通じて、保健省が集約してきた感染状況のデータも「現状を反映していない」と切り捨て、6月5日から全体の感染者数や死者数の公表を取りやめた。「データの隠蔽」との非難が殺到し、保健省は9日、公表の再開に追い込まれた。

新型ウイルス対応への批判もあり、ボルソナロ政権の支持率は下降し、最近は30％前後にとどまる。マッケンジー大（サンパウロ）のロドリゴ・プランド教授（政治学）は「大統領権限は限られた範囲で行使できるという民主主義の基礎知識に欠ける。命令を忠実に守る軍人を重用し、独裁者のイメージをさらに強くしている」と話す。

中南米 感染160万人

米ジョンズ・ホプキンズ大によると、中南米で新型ウイルスに感染した人は、16日時点で160万人を超えている。世界保健機関（WHO）は「中南米が新型ウイルスの新たな中心地になっている」と分析し、警戒を強めている。

感染者数が最も多いのはブラジルの約88万人で、中南米全体の半数を占める。ペルーが約23万人、チリが約18万人、メキシコが約15万人で続いている。

経済格差が激しく、総人口の３割超を貧困層が占めていることが感染拡大の大きな要因となっている。生活のため日々働かざるを得ない人が多く、公衆衛生や住環境の悪さから感染予防措置も行き届いていない。医療体制が脆弱な国も多い。

本事例のNIE
新聞活用・新聞機能・新聞制作

事例のアクティブラーニングの重点
主体的・**対話的**で深い学び

東京一極集中の解決策を考えよう

1 小単元名

拡大する東京大都市圏（1時間扱い）

2 本時の目標

東京一極集中の問題が政治や経済、教育など、さまざまな観点から議論される中、生徒が主体的に地方の現状と関連付けて具体的な解決策を議論し、探究し続ける態度を身に付ける。

3 NIEとしての狙い

コロナ禍で経済情勢が変化し、東京一極集中や働き方にも変化が見られるという事実を記事で押さえながら、多面的・多角的な視点から、より具体的な問題解決策を考察する。

4 本時の展開（全1時間）

時	主な発問	学習活動／○生徒の反応	留意点／○資料等
導入		▶これまでの学習（首都・東京に人、物、情報、資金などが集中していること）を振り返る	•簡潔に確認する
展開	•東京一極集中問題とは具体的には何か？	▶記事から、2019年度の東京大都市圏の人口の推移を調べる ▶人口が集中すると起こる問題を話し合う ○「地価高騰」「ゴミ増加」「通勤ラッシュ」	○資料**1** •東京大都市圏は「転入超」の事実を押さえる •過疎化の進む地方との違いに気付かせるようにする
展開	•記事を読んで、働き方の視点から東京一極集中問題の具体的な解決策を考えてみよう	▶グループごとにホワイトボードに具体的な解決策を話し合ってまとめ、代表者が発表する ○「地方で働ける場所をつくる」「東京への交通の便を良くする」「テレワークをしやすい環境を整える」	•討議が進まないグループには、東京が変わるためには①東京に居住している人、②地方に居住している人――のそれぞれの考えが変わる必要があることを伝える（状況を見て全体でも確認する） •行政が積極的に民間を支援していく必要性、特に移住・定住をうながすための税制面の優遇など具体的な施策の重要性を押さえる（資料**2**）
まとめ	•魅力的な都市のイメージをまとめよう	▶記事と教科書で、①と②（展開・留意点）の考えの変化と、官民協同で魅力的な都市作りを行っている実態を発表する ▶生徒各自が振り返りシートにまとめる	•記事は、見出しなどに注目させて読ませる（資料**3**）

5 本時の板書計画

◎東京一極集中問題を解決するためには、どのようなことが考えられるか。

（前回の復習）
- 首都・東京
- 23の特別区（千代田区、新宿区など）
- 東京の周辺部から通勤者が集まる
- 人、物、情報、資金などが集中する

〈具体的な問題〉
- 過密による都市問題→ごみ増加、交通渋滞、通勤ラッシュ、地価高騰

〈具体的な解決方法〉　コロナ禍
- 地方移住の促進→税制面などで優遇
- オンラインを使って、地方にいながら東京の会社で働く
  →副業のしやすい環境から、本業含めて地方へ移住できる環境整備へ

6 資料等

資料1 静岡新聞 2020年6月22日付朝刊

首都圏「転入超」9年連続

19年企業本社 民間調べ

転出先 本県3位

2019年に本社機能を首都圏4都県（東京、埼玉、千葉、神奈川）に他道府県から移した企業は312社で、9年連続の「転入超過」となったことが21日までに帝国データバンクの調査で分かった。4都県から転出した246社を66上回った。東京一極集中是正を最重要課題に掲げ、地方移転企業の支援を打ち出した政府の地方創生第1期は19年度が最終年度だったが、首都圏への流れは変わらない状況が浮かび上がった。

ただ同社は今後、災害対策や新型コロナウイルス対応で、首都圏からの移転や地方拠点の開設が進む可能性も指摘している。

4都県への転入の状況を道府県別にみると、大阪からが66社と最も多く、愛知34社、福岡25社、茨城19社と続いた。一方、4都県からの転出先は大阪が32社と最多で、次いで茨城30社、静岡20社、福岡18社だった。

帝国データバンクは転出先が2位の茨城について、首都圏中央連絡自動車道（圏央道）開通によるアクセス向上や広い用地、県の補助金といった支援策が要因となって移転先に選ばれていると説明している。

4都県ではバブル崩壊後、企業の転出超過が続いたが03年に逆転。リーマン・ショックの影響を受けた09、10年を除き、転入超過が続いている。

同社がデータを持つ全国147万社について移転の状況を調べた。

企業の本社機能移転

首都圏への転入

順位	道府県	社数
1位	大阪	66社
2位	愛知	34
3位	福岡	25
4位	茨城	19
5位	兵庫	17
6位	北海道	16
7位	群馬	12
8位	静岡	10
9位	栃木	9
10位	宮城、福島、石川、長野、京都	8

首都圏からの転出

1位	大阪	32社
2位	茨城	30
3位	静岡	20
4位	福岡	18
5位	群馬、愛知	16
7位	長野	12
8位	京都	10
9位	福島、栃木	8

※2019年、帝国データバンク調べ

国は移転優遇税制拡充

東京一極集中の是正に向け、政府は2020年度、企業の地方移転を促す優遇税制を拡充した。一方、移転の数値目標は廃止しており、重要政策と位置付けたはずの地方創生は停滞感が漂う。

優遇税制は15年度創設。事務所などを東京23区から地方に移すか地方に元々ある拠点を拡充した企業を対象に法人税を軽減。20年度からは移転して地方の雇用を増やした場合、1人につき法人税を3年間で最大170万円控除。従来の150万円から引き上げた。

拡充の背景にあるのは、低調な地方移転だ。税優遇へ道府県の認定を受けた移転・拠点拡充は今年5月末時点で約400件、雇用創出の見込み数は1万5千人。地方創生の第1期（15〜19年度）で目標とした7500件、4万人を大きく下回る。

テレワーク経験34%

新型コロナ　内閣府意識調査

内閣府は21日、新型コロナウイルス感染症の広がりに伴う生活意識や行動の変化を探った調査結果を発表した。就業者のうちテレワークを経験したと答えた人の割合は全国で34・6%に達し、経験者では仕事より生活を重視する考えが強く表れた。東京23区の20代の3割超が地方移住への関心が高まったとし、若い世代での居住地選びの意識変化もうかがえた。

新型コロナウイルスによる変化（内閣府調査）

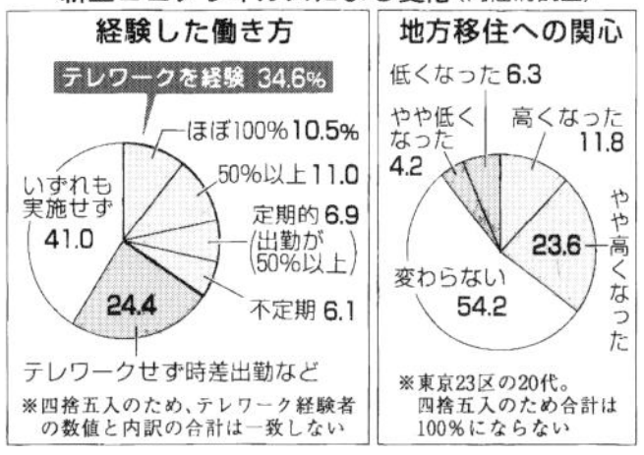

※四捨五入のため、テレワーク経験者の数値と内訳の合計は一致しない

※東京23区の20代。四捨五入のため合計は100%にならない

東京23区 20代の3割超
地方移住 関心

調査は全国約1万人を対象に、緊急事態宣言が全面解除された5月25日〜6月5日にインターネットで実施。定期的でない形を含むテレワーク経験者の割合は、新型コロナ感染者が多い東京圏では48・9%。大阪・名古屋圏は32・9%、それ以外の地方圏で26・0%だった。業種間の差もあり、教育、金融業などの4〜5割に対し、医療・福祉・保育関係は9・8%だった。

テレワーク経験者の64・2%は仕事と生活のバランスの意識が「生活を重視するように変化」したとし、通常通りの勤務者の回答率（34・4%）を大きく上回った。フレックス制などを含む経験者は実際に家族と過ごす時間が増えたとの声が8割弱に上った。テレワーク推進の課題（複数回答）では「社内の打ち合わせや意思決定の仕方」が最多の44・2%だった。

三大都市圏の居住者で、地方移住への関心が「高くなった」「やや高くなった」人は計15・0%。若い世代ほど比率が高く、東京23区に住む20代に限ると35・4%だった。西村康稔経済再生担当相は記者会見で「東京一極集中を転換する大きなチャンスだ」と述べた。

資料2 静岡新聞 2020年11月4日付朝刊

車でテレワーク 官民提案

浜松市と企業3社連携

車内後部に作業スペースを確保した軽ワゴン車＝3日午前、浜松市西区の弁天島海浜公園

市、駐車場整備に意欲

がんばらまいか　浜松・遠州

車と駐車場を活用したテレワーク実証実験を展開予定のスズキなど3社と浜松市は3日、浜松市西区の弁天島海浜公園で企業や報道機関向けの車両公開イベントを開いた。スズキは社内外に作業スペースを確保したテレワーク提案車3台を展示し、市は今後の駐車場整備に意欲を示すなど、コロナ禍での新たな働き方を浜松から官民連携で提案する姿勢を強調した。

実証実験では、同公園とJR浜松駅周辺の駐車場に外部電源を確保し、利用者にエンジンを切った状態で車内を仕事場として使ってもらう。全国的にも珍しい取り組み。運営主体の3社と市以外に、地元企業を含む5社が11月末以降、実験に参加する予定。

スズキは座席を折りたたんで車内後部に机やヒーターを置いた軽ワゴン車や、荷台に大型モニターを置いた軽トラックなど、〝オフィスカー〟に改装した3台を紹介した。鈴木俊宏社長は「異業種との連携も生かし、モビリティ（乗り物）を通じて新しい働き方を発信したい」と述べた。

鈴木康友市長は「車の街浜松ならでの取り組み。実験だけでなく社会実装に向け、電源や通信環境を備えた駐車場整備を全力で支援したい」と応じた。

会場には市内外のベンチャー企業経営者らが訪れ、車両を見学した。実証実験運営組織の代表を務める杉浦直樹さん(45)＝中区＝は「車で移動しながら自由に働ける環境ができれば、浜松への移住希望者にも訴求できる。中小企業の働き方の変革にもつながるはず」と意気込む。

（浜松総局・高松勝）

資料3 朝日新聞 2020年11月23日付朝刊

東京脱出 コロナ下の地方移住

テレワーク継続「決め手は子育て」

共生のSDGs　コロナの先の2030

赤城山のふもと、群馬県桐生市黒保根町の水田に囲まれた平屋建てに荷物を運び終えると、辺りは暗かった。「大きなお星さまあるねぇ」。引っ越して初めての夜、山本祐司さん(36)は夜空を見上げた長男(2)のつぶやきに驚いた。それまでは東京都荒川区の駅前タワーマンションに住んでいた。街の明かりが消えることはなく、長男が「星を見た」なんて語ったことはなかった。

祐司さんは今年8月、一家で桐生市に移住した。都内のベンチャー企業に勤め、外国人向けの国内観光企画を担当。共働きの妻・未央さん(32)は都内のNPOで会計を担当する。新型コロナウイルスの感染拡大で4月に緊急事態宣言が出てから夫婦ともに在宅勤務となり、長男の保育園も休園になった。家族で自宅にこもる生活が続いた。

夫婦は在宅勤務中、長男にタブレット端末を渡して遊ばせた。動画を見続ける長男を見て、未央さんは思った。「東京に住み続ける意味はあるのかしら」。二人で話し合い、東京脱出を決めた。未央さんは元々在宅勤務が多く、祐司さんも緊急事態宣言でテレワークになり、日帰りで東京に通えれば支障はなかった。

暮らしは変わった。東京のマンションは手狭な2LDKだったが、新居は3LDK。家賃は月額3万4千円で、割安だった東京時代よりも約10万円下がった。ただ、保育園の送り迎えや買い物で車が必須になり、2台購入した。祐司さんは月数回地方に出張するが、出社の必要はなく、テレワークを続けている。残業やつきあいで深夜に帰宅することはなくなり、ほぼ毎夕、家族で食卓を囲む。

祐司さんは「移住の決め手は子育て。息子は図鑑や動画でしか見たことがなかったトンボやカエルを追いかけ、家のまわりの田んぼで取れた新米のおにぎりをよく食べる」と語る。

山本さん一家のような移住者を呼び込もうと、群馬県はテレワークで働ける環境づくりを後押しし、今年度から「リモート県」を名乗る。県の担当者は「移住を検討していても、子どもの教育環境への不安から二の足を踏む人も多い。『1年くらいかけて決めて』と助言している」と話す。

自宅近くを散歩する山本さん一家＝10月21日、群馬県桐生市、福留庸友撮影

新型コロナの感染拡大は東京の一極集中に変化をもたらした。東京の転入者から転出者を引いた人数（外国人を除く）は今年5月、マイナス509人。転出者の方が多かったのは2011年7月以来だ。7、8、9月も転出者が2千〜4千人ほど上回った。世界でもコロナ禍以降、大都市から郊外への移住が加速し、ニューヨークやロンドンの家賃は軒並み下落した。

一極集中の解消は、地球環境と経済活動の調和をめざすSDGs（持続可能な開発目標）が掲げる「住み続けられるまちに暮らし、働きがいのある仕事に就く」の実現に向けて、追い風になりそうだ。コロナ禍は世界で、人々に住まいと働き方の新しい在り方を問いかけている。（上田学）

2面に続く

社会

歴史

縄文から弥生への変化

1 小単元名 **日本列島の誕生と大陸との交流**（4時間扱い）

2 本小単元の目標 　弥生時代の人々の生活について、縄文時代と比較しながら、考古学の研究成果も活用して具体的に理解することができる。

3 NIEとしての狙い ①縄文から弥生への変化を記事から具体的に捉え、まとめることができる
②大陸との交流について記事から新たな情報をつかみ、大陸の文化と日本の歴史をつなげることができる

4 本小単元の展開（4時間）

時	主な発問	学習活動／○生徒の反応	留意点／○資料等
1	●最初に日本列島で暮らした人たちはどんな生活を送っていたのだろう	▶旧石器時代と縄文時代の人々の暮らしについて、石器、土器、土偶、貝塚の意味に着目しながら調べる	●マンモス、ナウマン象、オオツノジカに注目させ、2万年前の日本列島地図を読み取らせる
2（本時）	●縄文・弥生時代の人々はどんな暮らしだったのだろう	▶縄文と弥生の想像図（教科書）を見比べて、気付いたことを発表する ▶記事を読み、縄文から弥生時代への生活の変化で、犬の役割の違いについて話し合う	○資料1 ●住居・食生活・道具を視点に、稲作の始まりによる生活や社会の変化に気付かせる ●現在も続く諸外国の犬食文化について偏見を持たないよう配慮する
	●縄文・弥生文化はどのように伝わってきたのだろう	▶縄文・弥生時代に伝わったと考えられる文化（青銅器、鉄器、稲作技術など）やルートについて調べる	●南の島や大陸から海を渡って文化が伝わってきたことを押さえる（資料2） ○文化が伝わったと考えられる東アジアの4つのルートの地図
3	●日本列島にあった国々はどのようにまとまっていったのだろう	▶金印の文字を読み取ったり、中国の歴史書から倭の記述を調べたりする	○金印レプリカ、魏志倭人伝資料、漢書、邪馬台国資料、卑弥呼想像図
4	●大和政権はどのように勢力を拡大し、周りの国々と交流していたのだろう	▶古墳についての知識を列挙しながら前の時代との違いについて考える	○大山古墳、埴輪、渡来人、身近な地域の古墳に関する資料

5 本時の板書計画（第2時）

学習問題 縄文時代と弥生時代はどんな違いがあったのだろう

	犬の役割	住居	食生活	道具	その他
縄文時代（約1万年前～）	•人間と並んで埋葬 •家族の一員 •猟犬→狩猟	•柱が細い竪穴住居	•狩りや漁（採集生活） •貝塚	•縄文土器 •土偶 •骨や貝、石などを加工	•移動生活 •縄文海進 •舟の利用 ↑文化（南の島から？）
弥生時代（～約2300年前）	•食用（鹿・イノシシより多い） •人間の残飯処理 •清掃役（牛馬の残骸処理）	•柱が太い竪穴住居 •高床倉庫（米の貯蔵）	•稲作（協力）→集落 •貝塚	•弥生土器 •青銅器（祭りの道具） •鉄器（農具など）	•ムラの形成 •定住生活 •大型船の利用 ↑渡来人 文化（大陸・半島から）

まとめ 狩りや漁の生活から稲作中心の生活へ変化したことで道具や住居、食生活など、社会全体が大きく変化した

6 資料等

資料1　信濃毎日新聞 2011年9月10日付朝刊

山と海の考古学

松井　章 6

最古の伴侶動物 イヌ

食用や「清掃役」の時代も

イヌは人間にとって、最古で最良の伴侶動物といえるだろう。わが家でも15年前から2代続けて、盲導犬になり損なったラブラドルレトリバーを引き取って家族の一員として生活を共にしている。

日本最古のイヌの出土例は、約1万年前の縄文早期初頭の夏島貝塚（神奈川県）で、世界でも古い例となる。やや遅れて上黒岩岩陰遺跡（愛媛県）では、人と並んでイヌが埋葬されていたという。イヌは縄文時代を通じて増加し、その多くは、人間と同じ墓域に葬られ、家族の一員のように扱われていたことがわかる。人々は狩猟を生業とし、猟犬を大切にしたのだろう。

弥生時代になると人間とイヌの関係は一変し、イヌは食用の対象ともなる。私が報告書を担当した長崎県壱岐市の原の辻遺跡は、朝鮮半島との交流を示すことで有名である。この遺跡では一般に防御用とされている環濠（かんごう）から、土器、木器、建築部材などとともに動物の骨が多く出土した。

その中には少なくとも50体以上のイヌの骨が含まれているとみられ、食用であったことが明らかなシカやイノシシに比べてもはるかに多かった。この遺跡からはさまざまな顔つきや体つきをしたイヌが出土した。全身がそろっていたのは二体のみで、それも環濠の底に投げ込まれたようで埋まるまでに骨の位置がずれていた。残りはすべて散乱した状態で、中には金属のナイフで解体された傷が残っているものもあった。

関西の弥生時代の方形墳丘墓というお墓には、お供えと思われる土器の中に全身の3分の1ほどにあたるイヌの骨が納められていたものもあるが、埋葬された例はほとんど見られない。

こうした発掘結果から、弥生人がイヌを食べていたと結論づけられたのは、原の辻遺跡の報告より前に、中世に栄えた港町、広島県福山市にある草戸千軒町遺跡調査で、私は、出土した動物の骨を基に、イヌが食用にされていたと報告していたからである。草戸千軒町遺跡で出土した骨を見始めた頃、マダイやヒラメなど瀬戸内の海の幸がふんだんに出土しているのは納得できたが、イヌの骨の多いことが気になっていた。

それまで私は、日本人は弥生時代に稲作が伝わってから動物食の比重が下がり、古代仏教の受容と神道のケガレ意識が決定的な動機となって、動物性タンパクを魚介類による食生活の伝統が、明治に西洋文化の一環として肉食を受容するまで続いたと思い込んでいた。

当初は、イヌの骨が多いのも、そこに住んだ人たちが愛犬家だったからだろうと親しみを覚えていたのだが、ある1点の頭蓋骨を手に取ったとき、目から鱗（うろこ）が落ちる思いをした。そこには、なたや斧（おの）のような鈍器により V字形に陥没した傷痕があり、このイヌは人間に殺されたのだとひらめいたからである。

そうした証拠は、江戸時代の岡山城二の丸（岡山市）や明石城武家屋敷跡（兵庫県明石市）のごみだめからも見つかり、イヌを食用にする風習は、文字の記録に残らずとも、さまざまな社会階層に浸透していたことが次々と明らかになった。

その一方で、歴史時代の遺跡の地下水位の高い埋没した溝や河川から出土した骨に人骨が含まれていることが珍しくない。そうした人骨には例外なくイヌにかじられた跡があり、腱（けん）が付着する部分や関節部が失われている。農村や都市では、猟犬としてのイヌの用途がなくなり、時には人間に食べられただけでなく、人間の残飯を始末し、牛馬の死骸や死人の処理といった清掃役も務めていたと考えている。

私はここ3年間、毎年、中国との国境に近いラオス北部の少数山岳民族の村に、歴史学や人類学の仲間と滞在し、イヌ、ブタ、ニワトリの飼育法や焼き畑を観察している。村でいちばん閉口するのはトイレがないことで、夕暮れ時や早朝に、それぞれ他の人に気づかれないよう裏山にあがって用を足すのだが、毎回、気配を察したブタとイヌの親子連れが、尻尾を振ってついてくる。私がしゃがみ込むのと同時に、ブタとイヌとがそれぞれ左右に3㍍ほどの距離をおいてわかれて待ち構える。お世話になった家のごみだめを見ても、イヌとブタが残飯の始末をして、生ごみどころか骨のかけらも残らない。

私はそれを見て、かつて日本でも、イヌが村や町の清掃役を務めながら、時には食べられたという説にあらためて共感することができた。

（奈良文化財研究所埋蔵文化財センター長）

〈第2土曜日に掲載します〉

資料2　沖縄タイムス 2019年7月10日付

航行200㌔ 丸木舟の渡来（トライ）成功

台湾から与那国到着

45時間こぎ黒潮横断

9日、台湾から与那国島に到着した国立科学博物館チームの丸木舟

約3万年前、日本人の祖先がどのように海を越えてきたかを探る実験航海に挑んだ国立科学博物館のチームが9日、丸木舟で台湾から与那国島に到着、実験は成功した。航行は200㌔以上、45時間に及んだ。

（25面に関連）

できるだけ当時の技術で進むため、地図や時計は持たず、星や太陽の位置で方角を判断しながらの旅。流れの速い黒潮を横切り、男女5人が夜を徹してこぎ続けた。エンジン付きの船で丸木舟に付き添ったチーム代表の海部陽介・同博物館人類史研究グループ長(50)は「こぎ舟で海を渡れることが分かったのは成果。到着でき本当によかった」と話した。5人の健康状態は問題ないという。

日本列島には、朝鮮半島やサハリンからとは別に、大陸と地続きだった台湾から海を越えて渡来した人々がいたと考えられている。どんな舟や航海技術を使ったかは分かっていない。

チームは2016年以降、草や竹の舟で実験したが、黒潮を渡り切る速度が出せず失敗。最後の挑戦となる今回は丸木舟を使うことにした。

航海中、休憩の間に黒潮に流され、かえって島に近づく幸運に助けられた。丸木舟が狭いため、食料や水を伴走船から補給する必要が生じ、舟のデザインが昔と違った可能性も浮かんだ。海部さんは「祖先が大変な思いをしてなぜ海を渡ったのか、答えが出ない。疑問がさらに強まった実験だった」と締めくくった。

歴史

戦時下の国民生活を考えよう

1 小単元名　**戦時下の国民生活**

2 本時の目標　戦時体制下、国民が動員・徴用されていく中で生活が変化し、生活環境が厳しくなっていく様子を理解するとともに、戦争の記憶を伝えていく大切さについて主体的に考えることができる。

3 NIEとしての狙い　新聞記事を通して、空襲などを実体験した人の言葉に触れることで、戦争の記憶を継承することの大切さに気付き、周囲に主体的に伝えていこうとする姿勢を身に付けさせる。また、当時の体験記事から、戦時下の国民生活を多角的・多面的に捉えさせる。

4 本時の展開

時	主な発問	学習活動／○生徒の反応	留意点／○資料等
導入	•これまでの学習を振り返ろう	▶日本が太平洋戦争に突入した流れを振り返る（日中戦争の長期化や泥沼化、日本の東南アジア進出、欧米による経済封鎖と日本の局面打開策）	•簡潔に確認する
展開	•空襲から逃げる手段について記事で調べよう	▶空襲から逃れる手段を調べる ○「消火活動をする」「サイレンで知らせる」「防空壕に逃げる」	•ミッドウェー海戦で制海権と制空権を失い、さらにサイパン島を奪われ、大規模空襲が始まったことを確認する（資料1）
	•国全体が戦争を第一に考えていく時代について考えよう	▶記事中の「将来の夢は軍人と言わなければならない雰囲気」の時代について考える ○「戦争に勝つことしか考えてはいけない時代だ」「命を惜しんではいけない時代だ」	•記事や教科書の記述から「軍国主義」について気付かせる
	•今に残る戦争の記憶を調べよう	▶複数の記事を使って調べ、発表する ○「科学者も戦争のための研究をした」「満州事変が日本の戦争拡大につながった」	•現在も戦争の施設跡が残っていることを押さえる（資料2 3）
	•戦争体験が風化する中、伝承に必要なことをグループで話し合おう	▶グループごとに討議の内容をホワイトボードにまとめ、代表者が発表する（質疑応答） ○「私たちが伝えていかなければならない」「戦争を体験した人から積極的に話を聞きたい」	•話し合いの経緯が残るように記録（メモ）させるとよい
まとめ		▶振り返りシートに書く ○「官民挙げて戦争の記憶を風化させない努力が必要だ」「今が最後のチャンスだ」	•生徒として、国民として、行政として、どうしたらよいか考えさせたい

5 本時の板書計画

◎戦争が激しくなる中で、国民生活はどのように変化していったのか。また、当時の戦争の記憶をどのように後世に伝えていくことができるのだろうか。

（前回の復習）〈日本が南進した理由〉
• 日中戦争の長期化→打開のために資源獲得の必要性
• 1940年インドシナ北部へ侵攻　日独伊三国軍事同盟締結
• 1941年日ソ中立条約締結…北方の安全の確保
• 米英蘭による経済封鎖→米国石油輸出禁止
• 日米交渉決裂→1941年12月8日真珠湾攻撃→太平洋戦争開始

• 1942年6月ミッドウェー海戦敗戦
• 1943年2月ガダルカナル島敗退
　→東南アジアからの輸送が困難
• 国民生活の悪化（食料・労働力不足）
• 1944年7月米軍、サイパン島占領→本土空襲本格化
• 1945年4月米軍、沖縄本島に上陸

軍国主義 → 戦　争 ⇒ 国民生活

語り継ぐ

6 資料等

資料1 静岡新聞 2020年6月17日付朝刊

浜松大空襲 あす75年

焼夷弾 容赦なく 一夜で焦土に

体験者鈴木さん、遠藤さん 防空壕の記憶鮮明

太平洋戦争末期に1157人が亡くなった1945（昭和20）年6月の浜松大空襲から18日で75年を迎える。陸軍の飛行場があり、軍需工場も多かった浜松は何度も米軍の空襲に見舞われた。浜松一中（現・浜松北高）3年で動員学徒として市内の飛行機部品工場などで働いていた鈴木幹さん(91)、遠藤隆久さん(90)＝いずれも浜松市中区＝は「恐怖より、もはやあきらめの気持ちが強かった」と当時を思い起こす。

浜松大空襲のあった1945年6月18日、遠藤隆久さんが寝ていた部屋。飛び起きて学生服に着替え、防空壕へ逃げ込んだ＝6月上旬、浜松市中区中沢町

45年6月18日午前1時前。最初の攻撃を受けたとされる鴨江町に住んでいた鈴木さんは「空襲警報のサイレンより、焼夷（しょうい）弾が落ちるのが先だった」と振り返った。木造家屋を容赦なく焼き払う焼夷弾。家の前の崖に掘ってあった横穴の防空壕（ごう）へ腹巻き姿のまま飛び込み、母親と妹、いとこの4人でしゃがみ込んだ。

幅1㍍、奥行き2㍍の狭い穴の外は、ごう音とともに突風が吹き荒れ、炎がうなるように渦を巻いた。自宅は燃え上がり、火の手が路地をふさいだため、逃げてきた人々が泣き叫びながら立ち往生した。鈴木さんは防空壕の隙間から「早く（自宅が）燃え尽きて、みんなが助かってほしい」と願った。

市街地の北、中沢地区の遠藤さんは、けたたましい空襲警報で目を覚ました。「またか」。米軍爆撃機B29の影が、いつもより低く大きく見えた。筒状の焼夷弾が空中で分裂し、中に装填（そうてん）された小さな弾薬が「花火のよう」に無数に降り注いだ。

夜が明けると、自宅から約3㌔先の浜松駅の方まで全てが燃えたのを知った。焼け焦げた松菱百貨店を除いて建物は見えない。変わり果てた街の様子に、ぼうぜんとした。

遠藤さんは戦争一色の時代を「将来の夢は軍人と言わなければならない雰囲気で、勉強どころか何もできない学生生活だった」と語る。遠藤さんは戦後、楽器関係の会社を起こし、奇跡的に戦災を免れた家に今も暮らす。周辺の光景は変わったが、庭先に掘った防空壕や焼け野原の記憶は鮮明だ。「自分の人生は戦後から始まった。戦争のない平和がどれだけありがたいことか」とかみしめる。

（浜松総局・土屋咲花）

戦災語り部年々減少

浜松市戦災遺族会は市内の小中学校などからの要望に応じ、戦争の体験者やその子息らによる「語り部」を派遣している。ただ、体験者の高齢化が進んでいるほか、依頼件数も減少傾向という。

語り部の一人、伊熊フジ子さん(92)＝浜松市中区＝は、浜松大空襲で母親ときょうだいの5人を亡くした。「みんなに伝えにゃいかん」と長年活動してきたが、今年は登壇していない。「何年たっても、家族との死に別れはつらい。忘れられるわけがない」と75年を経ても変わることのない感情を口にする。

同会は1965年から毎年、浜松大空襲のあった6月18日に市戦災死者慰霊祭を営んできた。今年は新型コロナウイルスの感染拡大防止のため、初めて延期を決めた。7月18日に開催する。

浜松大空襲　浜松市立中央図書館が発行した戦災史資料などによると、浜松は太平洋戦争末期の1944年12月13日から45年8月1日にかけて計27回の空襲や艦砲射撃を受けた。最も被害が大きかったのが6月18日未明の浜松大空襲で、米軍の大型爆撃機B29約80機が市のほぼ全域に焼夷弾約6万5000発を投下した。市民ら1157人が死亡。木造家屋など約1万6000戸が全焼した。死者数を1717人とする消防の調査資料も残っている。

資料2 朝日新聞 2020年8月10日付朝刊

電波兵器 湯川・朝永も研究

戦後75年 静岡の記憶5 島田・牛尾山

新東名高速を島田金谷インターチェンジで下りてすぐだった。大井川右岸の牛尾山に強力な電波兵器を研究した戦争遺構、第2海軍技術廠（しょう）牛尾実験所の遺構がある。2015年に河道拡幅工事で多くが取り壊されたが、一部が現在も残る。

現存する遺跡は縦11㍍、横6㍍ほどの石炭ガス発生室と縦横約12㍍の変電室の土台部分。もともと島田実験所があり、その分室として設置されたという。場所は民有地で一般の立ち入りはできないが、近くに説明板がある。

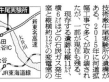

今も残る第2海軍技術廠牛尾実験所跡。石炭ガス発生室の土台とみられる＝島田市牛尾

島田実験所遺跡を研究する東京工業高等専門学校の河村豊名誉教授（科学史）によると、島田、牛尾の両実験所ではマイクロ波を照射しB29を撃墜する兵器の開発研究が行われた。電力を大量に使うため、発電所が近く、土地に余裕があるこの地に建設されたという。

戦況が悪化した戦争後期には、本土防衛に向け電波兵器開発に対する期待を高めた軍が、人員を増員。約1500人が動員される一大事業だったという。計画図も制作されたが、兵器の開発には至らず終戦を迎えた。研究に参加した物理学者の中には、後にノーベル賞を受賞した朝永振一郎氏や湯川秀樹氏の姿があった。

1944年4月に島田実験所で撮影された物理学者の集合写真。湯川秀樹（前列右から4人目）、朝永振一郎（同3人目）の姿もある＝島田市教委提供

河村教授は「実験所跡地は軍と科学者の関係を考える上で重要な素材になる」と話す。当時の物理学者らについて「軍に強制されたわけではなく自発的に研究に参加していた」と分析する。戦後には反戦を訴えた湯川も例外ではなかったという。

軍は科学者に明確な目的を伝えないまま基礎研究を重ねさせ、兵器を開発する。科学者は目的を知らされないことを言い訳に、罪悪感を抱かずに研究する環境を与えられる。軍の利害が一致すれば、科学者が兵器開発に関わるハードルは低くなると指摘する。

「当時と同じ状況にいれば、多くの科学者は同じ選択をするのではないか。戦争遺跡を振り返ることで、科学者と戦争の関わりをいま一度よく見つめなければいけない」と警鐘を鳴らす。

（広瀬萌恵）

資料3 読売新聞 2020年11月23日付朝刊

「満鉄」工業遺産 誤って解体

中国遼寧省撫順で1930年代初め、日本の国策会社「南満州鉄道（満鉄）」が建設した火力発電施設が10月、取り壊された。撫順市の遺産に指定されていたが、業者が誤って解体した。中国の文化遺産管理のずさんさを改めて示したと言える。（中国遼寧省撫順 川瀬大介）

壊されたのは、2011年まで稼働していた発電所の「第2工場」だ。周辺の施設を解体していた業者が第2工場でも作業を続けたという。地元住民が10月中旬に気付き、市に指摘した。作業は止まったが、壁と屋根の一部を残すだけとなった。市当局は原因を調べ、補修する方針を示した。

満鉄関係者がまとめた資料などによると、第2工場は、満鉄の収入源だった撫順炭鉱の電力需要を満たす目的で建設された。終戦後も利用された発電所の代表的な施設で、遼寧省を含む中国東北部の経済発展に貢献した。発電所は中国の「火力発電の母」とも称される。

上 中国遼寧省撫順で、取り壊された発電所「第2工場」。北側から工場を見ると壁と屋根の一部を残すだけになっていた（10日）＝川瀬大介撮影 下 取り壊される前の「第2工場」。南側から撮影された（今年5月）＝　さん提供

南満州鉄道　日本政府が1906年、満州（現中国東北部）で鉄道の運営や経済開発などを目的に設立した半官半民の会社。鉱山や製鉄、ホテル経営など幅広い事業を手がけた。関連企業を含めた従業員は最大時に約40万人で、うち日本人が約14万人だった。

火力発電所 管理ずさん 市が補修へ

撫順で歴史遺産の保存に取り組む地元の大学生、　さん(22)は第2工場について「復元は難しいだろうが、残った部分だけでも保存してほしい」と話す。

市当局は18年、第2工場を含む満鉄時代の主な産業施設を「工業遺産」に指定し、保護を命じた。市は「愛国主義教育の重要性を促すことができるため」と説明した。日本が中国を経済的に収奪したとの見方に基づくものとみられる。

中国では急速な経済発展に伴う観光開発などを背景に、文化遺産の管理態勢の不備が指摘される。習近平国家主席は16年、文化遺産保護の徹底を求める指示を出した。

社会

歴史

本事例のNIE
新聞活用・新聞機能・新聞制作

事例のアクティブラーニングの重点
主体的・対話的で深い学び

日中関係を考察する

1 小単元名　**東アジアとの関係**（4時間扱い）

2 本時の目標　日中両国が国交を回復する過程および尖閣諸島や靖国神社の問題など、両国がさまざまな対立を抱えている現状について理解する。

3 NIEとしての狙い　日中間に横たわるさまざまな問題について、新聞記事から読み取る。

4 本時の展開（1/4時間）

主な発問	学習活動／○生徒の反応	留意点／○資料等
•日中両国が国交を回復した文書について調べよう	▶日中共同声明で、日本は中華人民共和国を唯一の政府と認めたこと、中国は日本に対して賠償を放棄したことなどを調べる	•米大統領が電撃的に訪中を果たし（ニクソンショック）、米中が国交回復したことなど、米国や台湾との関係についても説明する
•日中共同声明調印の6年後に締結された条約について調べよう	▶日中平和友好条約で主権・領土の尊重や不可侵が定められ、その後中国への経済協力が行われたことなどを調べ、発表する	
•日中平和友好条約の内容と現状を照らし合わせて考えよう	▶尖閣諸島をめぐって対立している現状について発表する	•尖閣諸島の地図を提示する •歴史的な経緯も伝える
•靖国神社をめぐる国内外の意見について調べ、話し合おう	▶首相や閣僚らによる靖国神社参拝への中国・韓国の反応について調べ、話し合う ○「中国・韓国が反発している」「靖国神社で『英霊』を慰霊すべきだ」「別の施設で戦没者を慰霊すべきだ」など	•資料1～3で、靖国神社への首相などの参拝に中国・韓国が反発していることを説明する •戦没者の慰霊については、生徒それぞれの思いを尊重する
•現在の日中関係について話し合おう	▶最近のニュースなどから、日中関係について思ったことを話し合う	•歴史、経済、人権、情報など、多くの課題に気付かせたい

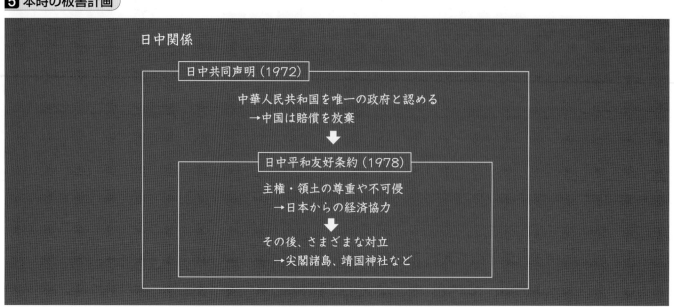

5 本時の板書計画

日中関係

日中共同声明（1972）

中華人民共和国を唯一の政府と認める
→中国は賠償を放棄

↓

日中平和友好条約（1978）

主権・領土の尊重や不可侵
→日本からの経済協力

↓

その後、さまざまな対立
→尖閣諸島、靖国神社など

6 資料等

資料1 読売新聞 2014年11月6日付朝刊

靖国神社に合祀された14人のA級戦犯

●絞首刑
東条英機（首相、陸軍大臣、参謀総長）
板垣征四郎（陸軍大臣、関東軍参謀長）
土肥原賢二（陸軍奉天特務機関長）
木村兵太郎（陸軍次官）
武藤章（陸軍省軍務局長）
松井石根（中支那方面軍司令官）
広田弘毅（首相、外相）

●終身禁錮刑を受け、服役中に死亡
梅津美治郎（参謀総長、関東軍司令官）
小磯国昭（首相、朝鮮総督）
白鳥敏夫（駐イタリア大使）
平沼騏一郎（枢密院議長）

●禁錮刑を受け、服役中に死亡
東郷茂徳（外相）

●公判中に病死
永野修身（海軍大臣、軍令部総長）
松岡洋右（外相、大政翼賛会副総裁）

（　）内は主な肩書。敬称略

資料2 山陰中央新報 2019年8月14日付

靖国神社関連の主な動き

1869年	東京招魂社（しょうこんしゃ）として創建
79年	靖国神社に改称
1919年	創立50年。大正天皇が参拝
45年	太平洋戦争終戦
69年	創立100年。昭和天皇が参拝
75年	戦後30年。昭和天皇が参拝。以降の天皇参拝はなし
78年	東条英機元首相らA級戦犯14人を合祀（ごうし）
88年	富田朝彦元宮内庁長官のメモに、昭和天皇がA級戦犯合祀に不快感を示したと受け取れる記述がされる
2013年	安倍晋三首相が参拝
19年	創立150年

資料3 東京新聞 2020年9月20日付朝刊

安倍前首相、靖国を参拝
13年以来　菅政権「影響は限定的」

安倍晋三前首相は十九日午前、東京・九段北の靖国神社を参拝した。自身のツイッターに「本日、靖国神社を参拝し、今月十六日に首相を退任したことをご英霊に報告いたしました」と書き込むとともに、自身が参拝する写真を投稿した。安倍氏が参拝するのは、第二次内閣発足一年後の二〇一三年十二月以来。支持基盤の保守層に向けて存在感を誇示した形となる。菅政権は「外交への影響は限定的」とみて静観する構えだ。

関係者によると、安倍氏は参拝時に「前内閣総理大臣、安倍晋三」と記帳した。

一三年の参拝時は中韓両国の抗議に加え、米政府が「失望」を表明した。安倍氏はその後参拝せず、春と秋の例大祭には「真榊（まさかき）」と呼ばれる供物を、終戦の日には玉串料を私費で奉納してきた。外交筋によると、中国政府は十九日、安倍氏参拝に関する懸念を事務レベルで伝えてきた。やりとりの内容を分析した日本側は、反発のレベルは高くないとみている。韓国外務省は「深い憂慮と遺憾」を示した報道官論評を発表した。

菅義偉首相の対応について、政府関係者は「事前に安倍氏から連絡を受けていたようだ。菅外交に影響するとは思わない」と話した。

社会
公民

本事例のNIE
新聞活用・新聞機能・新聞制作

事例のアクティブラーニングの重点
主体的・対話的で深い学び

現代社会の歩みを探ろう

1 小単元名　**私たちが生きる現代社会**（4時間扱い）

2 本小単元の目標
①戦後70年余の社会の歩みを新聞記事で振り返ることを通して、現代社会には少子高齢化・情報化・グローバル化（3つの観点）等の特色が見られることに気付かせる。発展・変化の過程を考えることで、現代社会への関心を高める。
②現代社会の諸問題を主体的に考えようとする「学びに向かう態度」を育む。公民的分野の導入として、地理・歴史的分野と関連付けながら、現代社会の特色について記事を使ってまとめる。

3 NIEとしての狙い
世相を映し出す戦後の記事を整理・分析することで、3つの観点に分けられることに気付かせる。また、これらの記事から戦後の社会の変化を体系的に捉え、現代社会が自らの生活とつながっていることに気付かせる。

4 本小単元の展開（4時間）

時	主な発問	学習活動／○生徒の反応	留意点／○資料等
1	●スーパーマーケットから現代社会の特色を探そう	▶スーパーマーケットの写真やイラストから現代社会の課題を挙げ、話し合って分類する	●分類の作業を通して、身近な生活の中で3つの観点に集約できるように資料を用意する
2	●戦後の各年代の記事にコメントしよう	▶各年代の記事を分類し、グループ内で紹介し合う ○（分類1）「昔は1クラスの人数が50人もいたのはすごいなあ」 （分類2）「公衆電話がレトロで面白い」 （分類3）「地元のリンゴが海外でも求められているのは誇らしい」	●記事データベースから、戦後から2010年代の10年ごとに3つの観点に関わる記事を用意しておき、グループごとに感想や意見を付箋に書いて貼らせる ●前時の分類を生かし、3つの観点に分けられることを確認する ○資料1～4、記事データベース
3	●分類した記事を整理して、戦後から現在までの変化をまとめよう	▶記事を分類し、年代ごとに表に貼り、どんな変化があったかを読み取る ▶分類別に読み取った変化を分析し、戦後70年余りの社会の移り変わりを自分の言葉でまとめる	●見出しや写真などを手掛かりにグループで協力して記事の内容を理解させる ●必要に応じて教師側から記事を付け足し、流れを捉えやすくする
4（本時）	●調べたことをもとに、現代社会の特色を説明してみよう	▶現代社会がどのような背景のもとで成り立っているのかを自分の言葉で発表し合う	●グループでまとめた表を観点別に合体させ、多面的・多角的に考察させる（板書） ●自分の言葉でまとめさせる

5 本時の板書計画（第4時）　グローバル化の記事を年代順に並べた表

6 資料等

資料1 ワークシート

新聞記事ワークシート

氏名

1．あなたが選んだ記事の観点とタイトル（見出し）

観点：　グローバル化・情報化・少子高齢化・その他（グローバル化に丸）

タイトル：ビートルズ、暁の来日

2．記事の日付

西暦 1966 年（昭和・平成 41 年）6 月 29 日（水）

3．みんなに伝えたいこと　主な記事の内容（簡単で OK）

「ザ・ビートルズ」一行が東京公演のため午後三時三十九分、台風一過の羽田空港についた。武道館で3日間の間に5回公演。ものすごい数のファンが殺到して警察官も全力で対応していた。

4．記事を読んでのコメント　感想（疑問でも良い）

私は音楽に興味があるのでこの記事を見た時に興奮しました。日本ではきっとこのころ「バンド」というものがめずらしかったと思います。その上、メンバーがかっこいいのでものすごい人気がありました。人気になればなるほど命も危険になります。ファンもおしよせすぎて警察も大変だったそうなので、なんでも「やりすぎ」はよくないです。

新聞記事ワークシート2

氏名

1．あなたが担当する観点

観点：　グローバル化・情報化・少子高齢化・その他（グローバル化に丸）

2．貼られた記事の見出し（タイトル）を古い順に書きだそう。

掲載年（和暦年）	見出し・タイトル
1948（昭和23）	信州リンゴ初輸出
1959（34）	児島さん1位に
1965（40）	あこがれの国際線へ
1966（41）	ビートルズ、暁の来日
1970（45）	アジア初 万国博が開幕
1972（47）	ようこそパンダちゃん
1978（53）	オレンジで再要求
1989（平成元年）	加工品は輸入自由化へ
1992（平成4）	食料自給率 最低の46%
2000（12）	「回転スシ」欧米に上陸
2001（13）	イチロー MVP
2003（15）	吉野家「牛丼中止も」
2009（21）	上田 塩尻で介護の現場に
2013（23）	介護士に外国人128人合格
2014（26）	ノーベル賞 日本人3氏 青色LED

3．自分の選んだ観点で戦後70年の特色をどのように変化しているかを見ながらまとめてみよう。

戦争で遅れていた日本はどんどん外国のことをとり入れていたが、時がたつにつれて日本から外国に発信することが増え　あっという間に世界との結びつきが強まり溶けこんでいる。

4．今日の授業の感想　次回への想い

私達が生まれる前に本当にたくさんのことがあったのだなと思いました。こうやってたくさんのりこえてきた日本だからこそ今の日本があるので大切にしたい。

資料2 信濃毎日新聞 1958年9月5日付夕刊

「すしづめ学級」解消

38年度には50人に
教員ふやす計画もできる

文部省は全国で一万二千学級にのぼる公立小、中学校の定員過剰の「すしづめ」学級を三十四年度から三十八年度までの五年間に解消するため、実施計画をねっていたが、「公立文教施設整備五ヵ年計画」について、このほど「教員定数充足五ヵ年計画」を取りまとめた。公立小、中学校の「すしづめ学級」は本年五月一日の文部省調査によると、学校教育法で定めた一学級五十人という標準学級定員を越えた学級が小学校のばあいは全国で約三十万学級の三一・七%、中学校は十一万七千学級の二六・一%にものぼっている。

また長野県のばあい小、中学校の学級定数は、小学校が一年五十三人、二年以上五十五人、中学校は一年五十八人、二年以上五十五人。五十八人以上の学級は、小学校では県下六千九百学級のうち一四・二%、九百八十学級あり、中学校では二千九百学級のうち一六・九%、五百学級となっている。

小学校は児童数が年々減少する傾向にはあるが、中学校はなお三、四年に二百万人近く生徒がふえる見通しなので、施設の整備充実をはかる一方、教員定数の充足をはかることになったものである。すでに施設整備については ①小学校はこんど五ヵ年間に二十万坪の校舎を整備する ②中学校は、三十四年度完し当り二部授業の解消に力を注ぎ、三十五年度以降三十七年度までを生徒増にたいする応急措置として普通教室の整備に、また三十八年度は特別教室の整備にあて全体で九十六万坪の校舎を建設する方針である。このため第一年度分の経費として小学校七億四千万円、中学校十一億円を明年度予算で要求することになった。

しかし 小、中学校の「すしづめ」解消には教職員の増員も施設整備と並行しておこなう必要があるため、同省は三十四年度以降、五年計画で毎年教員数を増し、三十八年度には現状より三万五千二百人の教員増となる見込みである。五年計画が達成すれば、三十八年度以降小、中学校一学級当りの収容生徒数は五十人に押さえることができると文部省はみている。

すしづめ学級解消および教職員定数充足五ヵ年計画の要旨つぎのとおり。

一、学級編成基準を小学校は三十四年度五十八人、三十五、六両年度五十六人、三十七年度五十四人、三十八年度五十人、中学校は三十四年度五十四人、三十五、六両年度五十三人、三十七年度五十二人、三十八年度五十人と順次引下げる。

一、これによって三十八年度は小学校三万四百学級、中学校六千学級、計三万六千四百学級の学級増となり、また学級増に見合って三万八千四百人の教員増が必要となる。このほか定数標準法の制定にともない、三十八年度は小、中学校で九千六百人の教員増が必要であり、結局四万八千人の職員増を見込む必要があるが、小学校は児童の自然減で約一万二千八百人の定員が浮くので、差引き三万五千二百人の教員増をはかる。

一、三十四年度は小学校五千七百人、中学校は千三百人、計七千人の教員増をはかり、その給与費二十三億二千万円の国庫負担分十一億六千万円を増額要求する。

資料3 信濃毎日新聞 1952年4月27日付朝刊

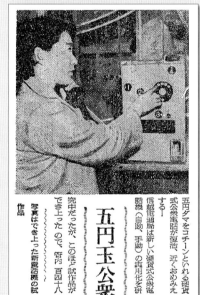

五円玉公衆電話 近くおめみえ

五円ダマをコチーンといれる硬貨式公衆電話が復活、近くおめみえする―

信越電通局は新しい硬貨式公衆電話機（自動、手動）の実用化を研究中だったが、このほど試作品ができ上ったので、管内百四十八（長野県七十八、新潟県七十）の公衆電話機を明年度までに全部とりかえる、この電話機の特長は―

▽自動式＝❶料金後納式で通話の相手をたしかめた後、はじめて料金を入れる、相手が話中だったり、間違った相手が出ても料金を入れずにすむ ❷間違って一円硬貨などの五円硬貨より小さいものを入れると、右下にある料金返納口に返され、通話はできない ❸市内電話番号の問合せ（一一四番）電話の故障申告（一一三番）警察（一一〇番）火事、救急車（一一九番）など三けたの特殊番号には、送話機をはずして三数字を回すだけでお金を入れずに通話ができる

▽手動式＝料金後納式で局の交換手によって通じるが、五円硬貨より小さな硬貨を入れるとこれも右下の料金返納口から返され、通話はダメ――

写真はでき上った新電話機の試作品

資料4 信濃毎日新聞 1948年10月20日付朝刊

信州リンゴ初輸出
比島、ホンコンへ二万箱

信州リンゴが戦後始めて海外へ進出――関東農協組連は貿易庁の指示により本県名産の「国光」をヒリピンへ一萬箱（一箱四貫）ホンコンへ九千箱をおくり出すことになり、第一陣が廿七日上水長沼村から三千箱出荷、卅一日横浜港から積出される

また農協組販連ではおなじく五萬貫を南方へ輸出することがきまったが、値段は一箱八百円以上（荷造りは貿易庁）の好条件で早くもリンゴ業者をホクホクさせている

大相撲の女人禁制と伝統文化

1 小単元名 **平等権**（6時間扱い）

2 本時の目標 大相撲の女人禁制をめぐるさまざまな意見に触れ、日本国憲法第14条で規定されている基本的人権の1つである平等権について、自らの考えを多面的・多角的に深める。

3 NIEとしての狙い 大相撲の女人禁制をめぐるさまざまな意見を新聞記事から読み取り、身近に平等権に関わる問題があることに気付く。

4 本時の展開（1/6時間）

主な発問	学習活動／○生徒の反応	留意点／○資料等
•男性の舞鶴市長が土俵上で倒れ、女性看護師が駆け付けた時、どんな場内アナウンスがあったと思うか	▶場内アナウンスを想像し、発表し合う ▶土俵をはじめ、祇園祭の長刀鉾や大峰山など、各地に女人禁制があることに気付く	•女性看護師らが土俵上で舞鶴市長に適切な処置をして病状回復につながったことなどを、新聞記事で補足する（資料**1**） ○祇園祭の長刀鉾や大峰山などの写真
•2000年の大阪場所に注目が集まったのはなぜか	▶記事から事実を読み取る	•太田房江大阪府知事の誕生によって、女性が土俵に上がりあいさつするかどうか、注目が集まったことを理解する
•女性府知事が土俵に上がることに賛成か、反対か	○「女人禁制は文化なので反対」「女人禁制は現代では許されるべきではない」「大阪府立体育会館で府知事本人が優勝力士に知事賞を手渡すべきで賛成」	•新聞記事で、識者のさまざまな意見を読み取らせる（資料**2**） •グループで話し合わせてもよい •「伝統を守る」という理由で女性府知事が土俵に上がれなかったことを確認する
•舞鶴市長が倒れた2日後、女性の宝塚市長は、あいさつしたと思うか	▶自分なりに理由を考え、発表する ▶宝塚市長が土俵下であいさつしたことを知り、感想を発表し合う	•宝塚市長が「女性だから上がれないというのは差別だと思う。市長への対応を平等にしてほしい」と訴えたことを伝え、大相撲の女人禁制について、再度どう思うか投げかける（資料**3**）

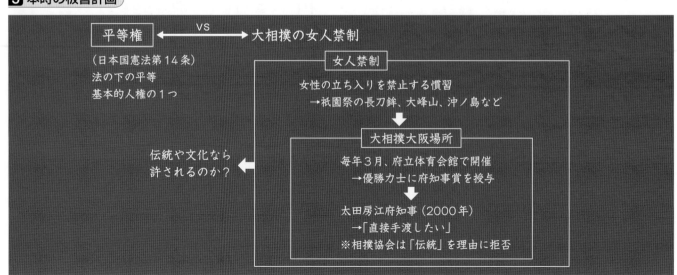

5 本時の板書計画

平等権 ←VS→ 大相撲の女人禁制

（日本国憲法第14条）
法の下の平等
基本的人権の1つ

女人禁制
女性の立ち入りを禁止する慣習
→祇園祭の長刀鉾、大峰山、沖ノ島など
↓
大相撲大阪場所
毎年3月、府立体育会館で開催
→優勝力士に府知事賞を授与
↓
太田房江府知事（2000年）
→「直接手渡したい」
※相撲協会は「伝統」を理由に拒否

伝統や文化なら許されるのか？ ←

6 資料等

資料1 東京新聞 2018年4月5日付朝刊

土俵上で市長倒れ 救命女性に「下りて」

巡業中 相撲協会が場内放送

4日午後2時すぎ、京都府舞鶴市の舞鶴文化公園体育館で行われた大相撲の春巡業の土俵上で、あいさつをしていた多々見良三舞鶴市長(67)が突然倒れ、市内の病院に搬送された。

会場に居合わせた日本相撲協会関係者や現場を訪れていた地元関係者によると、多々見市長が倒れた直後に、警察官やスタッフらが土俵に上がり、心臓マッサージなどの救命処置を施していた。その中に観客とみられる複数の女性が含まれており、協会側は場内放送で「女性の方は土俵から下りてください」と数回促したという。土俵から下りた女性は医療関係者との情報もある。日本相撲協会の八角理事長（元横綱北勝海）は「人命にかかわる状況には不適切な対応でした。深くおわび申し上げます」と協会を通じて謝罪のコメントを出した。

大相撲の土俵は古くから「女人禁制」とされており、この慣例に従った形だが、一連の対応は波紋を広げそうだ。

市によると、多々見市長は意識があって会話はできているといい、命に別条はないとみられる。

資料3 愛媛新聞 2018年4月10日付

土俵女人禁制議論再燃

土俵の「女人禁制」に関する議論が再燃している。4日に京都府舞鶴市で開催された大相撲春巡業で、倒れた多々見良三市長を助けようとした女性に土俵から下りるよう促す場内放送があった問題がきっかけだった。日本相撲協会は不適切な対応だったことを認めて謝罪し、当然ながら伝統よりも人命が大事とした。

6日の巡業開催地、兵庫県宝塚市の中川智子市長が急きょ、男女平等を訴えてあいさつで土俵に立ちたいと要望。相撲協会は、人命に関わる緊急事態とは論点が違うとの主張で、伝統継承の観点から断った。過去の女性政治家にも同様の対応をしていた。8日には静岡市の田辺信宏市長が

大相撲の巡業で土俵の下であいさつをする兵庫県宝塚市の中川智子市長＝6日

協会 富士山同様神聖な場所
識者 ジェンダーの余地ない

将来的に女性が土俵に上がれるよう問題提起した。

相撲協会の資料によれば、江戸時代には女性が相撲を見学することも禁止されていた。当時、女人禁制だった富士山同様に相撲場は神聖な場所というのが理由。ただ相撲協会関係者によれば、明確な根拠を示しにくく、神事や文化として受け継がれているとの解釈だ。スポーツ文化評論家の玉木正之氏は「女性が、ということに意味はない。力士や表彰式に出席する人など、土俵に上がれる人は上がり、上がれない人は上がらないということだ。肩書の問題で、ジェンダー（社会的・文化的性差）が入る余地はない」と指摘した。

土俵に生きてきた親方や力士は、伝統へのこだわりが強い。相撲協会の芝田山広報部長（元横綱大乃国）は「稽古で土俵の中で引きずり回され、汗と泥にまみれていた。女性は入れない、そういうものだと思ってやっていた。職種によっては時代が変わると同時に変わる必要があるかもしれない。ただ相撲はそうではないと思う」と持論を展開した。

横綱白鵬関は「いろんな人に思いはあるとは思うし、難しい。アマチュアでは（女性が土俵に上がるのを）見慣れているが本場所は別」と、女子の部が実施されているアマチュア相撲に言及しながら複雑な思いを口にする。ある関取は「土俵は男と男が命を懸けて闘っている場所。そこを理解してほしい」と訴えた。

資料2 朝日新聞 2000年2月24日付朝刊

3月12日に初日を迎える大相撲春場所を前に、土俵外では、大阪府の太田房江知事が大阪府知事賞を直接手渡すかどうかの議論が国会も巻き込んで続いている。日本相撲協会側も、大阪府の太田知事も今のところ、一歩も引く気配はない。伝統を守るか、因習を打破するのか。大一番を前に、5人の「審判委員」にご意見を伺った。

守るか打破か〝伝統〟大一番

大阪「春の陣」 女人禁制問題

昨年3月の大相撲春場所で、武蔵丸に大阪府知事杯を手渡す横山ノック前知事。今年はどうなる？＝大阪府立体育会館

打破派

もっと本筋で取り上げられたい

ジャーナリストの黒田清さん　十年前の森山真弓さんの時から一貫して、男女差別はなくすべきだと思っているし、伝統も時代とともに変わっていくのが当然。ちょうど春場所を前にしてのことだから問題提起をしたタイミングも悪くない。森山さんが提起した時から十年たったのだから、太田さんも今回、協会に拒否されても「はい、そうでっか」では情けない。土俵に半歩でも近付くように頑張ってほしいね。ただ、東京の石原知事が外形標準課税の問題を取り上げたり、三重県知事が原発に取り組んだり、愛知県の知事さんも万博の問題とか、環境とか、財政とか、本筋の問題に取り組んで決断を迫られている中で、太田さんはこの件ばかり。大阪は平和というか、このほかのことであまり、マスコミに取り上げられることがないし、ちょっと寂しいような気もしますね。

打破派

女性の首相 出てきたらどうする

森山真弓衆院議員　私がまだ労働省にいた二十年前にも指摘したのです。辻元（清美）議員は衆議院予算委員会で、私が（官房長官だった一九八九年末、総理大臣杯を自ら手渡したいと）発言してから十年たったとおっしゃったが、その度に相撲協会は習慣であり、伝統である、と答えてきた。しかし、今回は府知事本人が上がりたいとおっしゃっているのであり、府の体育館を使われるのですから、相撲協会は府知事に敬意を表すべきです。今後、女性が知事や総理大臣になる可能性がありますが、同じことを繰り返すのでしょうか。十年前は、こういう女性差別の問題がまだまだあると問題提起して、とりあえず引き下がったのですが、十年たてば、男女雇用機会均等法や男女共同参画社会基本法が成立し、世の中は大変変わっています。協会はもう年貢の納め時だと思います。ほかに守るべき伝統はいくらもお持ちなのですから。

守る派

差別問題とは別次元

作家の玉木正之さん　ぼくは文化保守主義者だから、祇園祭の長刀鉾、修験道の大峰山と一緒で、この女人禁制は、制度上の女性差別とは関係ないと思う。女性だけの文化もあったわけだし、男子禁制の場もあるのだから、この件を女性解放、女性差別の撤廃に向けた一つの動きと考えるのはおかしい。ただ、元小結板井の告発に端を発した八百長問題も含めて、相撲協会は国の内外で評判を落としているのは事実。今のようにすっきりしない相撲協会なら土俵にあがっていいと言われても、拒否するくらいの姿勢のほうが支持できるのに。

打破派

「不浄」の感覚がいや

漫画家のやくみつるさん　相撲協会は「伝統」という一語で逃げているような感じで、細かい議論を避けている。ただ伝統のいわれを考えれば、「女性は不浄」という考えが根底にあるのは明らかで、その感覚が嫌。外国出身力士にも門戸を開いているのだし、今や女性の相撲もスポーツとして認知されてきている時代。女性が土俵に上がることを拒否する理由はない。相撲協会は元小結板井の八百長発言では必要以上とすら思えるほどに抗弁した感があったが、この件に関してははなから避けている。対応にばらつきがありすぎはしないか。

守る派

「おふくろ」になって見守りたい

エッセイストの海老名香葉子さん（落語家の故林家三平夫人）　大相撲というのは男が力をふるって体一つでする仕事。女性を卑下するわけではないけど、世の中には男と女がいるのだから。女性としては、大人になるというか、「おふくろ」のような気持ちで大相撲の世界を見守りたい、そんな心境ですね。相撲協会のお相撲さんが一生懸命に神聖な土俵を守ろうとしているんですから。職人の世界でも芸の世界でも、伝統にだけ固まってしまっていては確かに進歩がありません。新しいものと共存してこそ発展するのは事実ですけど、伝統を無理に曲げてても土俵に上げろ、というような問題ではないような気もします。大きく構えて見守りたいですね。

《質問と回答》（数字は%。小数点以下は四捨五入）

◆日本相撲協会は「伝統を守る」という理由で、女性が土俵に上がることを認めていません。一方、全国初の女性知事となった大阪府の太田房江知事は、3月の大相撲春場所で、知事賞を渡すため土俵に上がることに意欲を示しました。あなたは、相撲協会と太田知事のどちらを支持しますか。

相撲協会	37
太田知事	47
その他・答えない	16

《調査方法》　全国の有権者から選挙人名簿で2000人を選び、20、21日に電話で調査し、1188人から回答を得た。対象者の選び方は層化無作為二段抽出法。有効回答率は59%。回答者の内訳は男性45%、女性55%。

個々の意見は2000年当時のものです。

社会
公民

本事例のNIE
新聞活用・新聞機能・新聞制作

事例のアクティブラーニングの重点
主体的・対話的で深い学び

学校跡地に企業を誘致するならば？

1 小単元名　**私たちの暮らしと経済**（8時間扱い）

2 本小単元の目標　地方自治で学習した市の現状などをもとに、生徒自身が経済的な視点から地域を捉え直し、地域の一員としての自覚や意識を養う。

3 NIEとしての狙い　学習内容と関連付けてスクラップを継続したり、目的をもって新聞記事を活用したりすることで、地域の将来に目を向け、社会的事象の意味や問題点を身近な課題として捉える。

4 本小単元の展開（8時間）

時	主な発問	学習活動／○生徒の反応	留意点／○資料等
1（本時）	•私たちの市には、どのような企業が求められているのだろうか	▶企業を誘致するための条件やアイデアを考える ○「地域には特産物を生かした企業が必要だ」「自分が働くとしたら環境を大切にした企業だ」	•働く場所が少ない、学校の跡地利用などの地域の課題を押さえる •地元の政治・経済、暮らしに関する記事などを提示する
2	•利潤を大きくするための私企業の工夫とは	▶企業の生産活動を中心に、資本主義の特徴を調べる ○「地域性を生かした製品を開発する」	•学習シートを活用して、学んだことを整理する
3	•多くの資金を手に入れる仕組みを知ろう	▶資金を手に入れる方法を調べる ○「株式会社の仕組みが分かった」 ▶ニュースから経済の動きを考え、模擬投資を行う	•模擬投資体験を通し、記事やニュースから株価とその変動要因との関係を理解させる
4	•企業はもうけるだけでいいのか	▶地域に信頼されるための企業の取り組みを知る ○「企業には社会的責任があり、社会貢献が必要だ」	•積極的な学び合いができるよう、企業、消費者、地域住民それぞれの立場を含んだ事例を用意する
5	•労働者が安心して働ける企業とは	▶誰もが安心して働くことができる社会の実現に向けて、できることを考える ○「最低賃金、過労死は克服すべき課題だ」「さまざまな企業が働き方改革をしている」	•労働や雇用の課題に対する解決策を考えることで、自分が将来関わる課題として捉えさせる
6	•働き方が改革されるなかで、あなたは、どんなふうに働きたいか	▶働きやすい職場が必要な理由を考える ○「労働の在り方や雇用をめぐる環境が変化した」「誰もが豊かで健康な生活が送れる条件を整える」	•増加する非正規労働者や外国人労働者の実態についての新聞記事を準備し、労働問題の多面的な側面に触れる（**資料**）
7	•私たちの市に求められる企業像を整理し、まとめよう	▶学校跡地の利用計画案について、提言書にまとめる ○「SDGsを推進する企業を呼ぶ」「地域の雇用を支える企業を誘致する」	•自分が働くとしたらどのような企業を誘致したいかという視点で提言書を作成させ、地域の課題解決の手立てを考えられるようにする
8	•私たちの市に求められる企業像を提言しよう	▶提言書を完成させ、市当局に届ける準備をする	•今後の学習意欲につなげられるよう、市当局に提言書を提出し、回答をもらう

5 本時の板書計画（第1時）

私たちの市には、どのような「企業」が求められているのだろうか。

A　政　策
- ○子育て支援
- ○まる福（医療費）
- ○地域おこし協力隊
- ○新婚さんに優しい
- ○空き家対策
- ○働く機会の創出
- ○農業振興
- ○安全・安心なまちづくり

B　市や町の様子
- ○田畑が多い→農業がさかん
- ○果樹園がある
- ○自然が多い
- ○第３次産業があまりない
- ○商業施設が少ない
- ○空き家が多い
- ○道の駅２つ
- ○鯨が岡商店街（シャッター街）
- ○活気がない
- ○働く場所が少ない
- ○人口減少
- ○少子高齢化

C　交通の様子
- ○高齢者による事故が増加
- ○交通手段が少ない（水郡線・バス）
- ○バスの本数が少ない（特に休日）
- ○渋滞が少ない
- ○都市部と都市部以外に差がある（道路の舗装）
- ○街灯が少ない
- ○高速道路が近くを通っている

D　産業の様子
- ○第３次産業に就く人が多い
- ○第１次産業に就く人が少ない
- ○農産物（米）
- ○特産品がある（黒川かぼちゃ、ぶどう、日本酒、常陸秋そば）
- ○商業施設が少ない

6 資料等

資料　茨城新聞
2019年4月3日付

シャープ日系人収入激減
三重工場 150人、生産移管で

シャープの三重工場（三重県多気町）で働いている日系フィリピン人労働者約150人が、雇用主の2次下請け会社から「シャープの生産体制の海外移管で業務量が大幅に減る」と3月に通告されたことが、労働組合「シャープ・ピノイユニティ（SPU）」への取材で2日分かった。これに伴い労働日数が削減され、月収がほぼ半減するケースが出ている。SPUの上部組合「ユニオンみえ」の神部紅書記次長は「自主退職に追い込み、事実上の雇い止めにするのではないか」と問題視している。

シャープの日系外国人労働者を巡っては亀山工場（同県亀山市）で昨年11月、大量の雇い止めが判明。シャープが親会社の台湾・鴻海精密工業の中国拠点に生産移管したことが原因とされ、三重工場でも同様の問題が起きる可能性が出てきた。外国人労働者の受け入れを拡大する新制度を盛り込んだ改正入管難民法が今月1日に施行されたが、労働環境の整備が課題となっている。

SPUによると、三重工場の下請け会社「ジーエル」（同県松阪市）が3月下旬、雇用しているフィリピン人約150人に業務量減少を通告。「4日出勤2日休み」で組まれていたシフトが、4月から「2日出勤3日休み」になったという。

フィリピン人らは6カ月ごとに契約を結び、時給は約千円。休憩込みで1日12時間、液晶パネルの組み立てや梱包（こんぽう）などをしてきた。「月収が激減し家賃が払えなくなる」といった声が出ているといい、SPUは4日、ジーエルと団体交渉する。

シャープの広報担当者は「直接雇用関係がなく、コメントする立場にない。生産体制についても答えていない」、ジーエルは「担当者がいない」としている。

三重工場では約1400人がシャープに直接雇用されており、日本人従業員への影響は不明。

シャープの三重工場

「仕事欲しい」
閉鎖、減産うわさ絶えず

シャープの亀山工場に続き、三重工場でも日系外国人労働者の雇用問題が明らかになった。4月から月収がほぼ半減するフィリピン人の女性は「ぼうぜんとした。仕事が欲しい」と訴えている。

ガルシア・ラケル・マンガロンソさん(43)は2003年に来日。神奈川県の自動車工場や岐阜県のパソコン工場、千葉県の水産加工工場などを経て、12年にシャープの三重工場に落ち着いた。液晶パネルの切断を担当し、きょうだい4人と借家で暮らしてきた。

雇用主の下請け会社幹部から3月下旬、「生産拠点の海外移管で正式に減産が決まった。仕事が大幅に減る」と工場で一方的に通告された。以前から工場閉鎖や減産のうわさが絶えなかったという。

工場での勤務は休憩込みで午前9時半から午後9時半まで。これ以外に夜勤もある。4日働いて2日休むシフトだったが、4月からは3連休が何度も組み込まれた。生活リズムが変わり、体調面の不安も大きいという。

「別の会社の工場に移ろうにも、引っ越しが必要になるかもしれない。この先どうするか、まだ決められない」

労働・雇用問題への考えを深めよう

1 小単元名 働きやすい職場を築くために（1時間扱い）

2 本時の目標 近年の労働や雇用に関する問題について、新聞記事を活用しながら関心を深め、将来の自分の問題として主体的に解決策を考えることができる。

3 NIEとしての狙い 労働や雇用について多面的・多角的な視点で捉えるため、経営者の立場からの記事も活用する。

4 本時の展開（全1時間）

時	主な発問	学習活動／○生徒の反応	留意点／○資料等
導入	•労働や雇用について、これまでの学習を振り返ろう	▶働く意義、雇用条件、労働組合、労働三法などを振り返る	•2年時実施の職場体験も交え、簡潔に確認する
展開	•日本の労働や雇用の問題を記事をもとに考えて発表しよう •不明点はPCで検索しよう	▶各グループで討議テーマを確認する ▶グループの代表者が各2分で記事内容の説明と解決策を発表する（質疑応答）	○資料1 •発表内容に、記事内容のまとめと具体的な解決策があるかを確認する •記事を選択した意図を説明させるようにする
	•就職氷河期世代が生まれた背景と今後の対応を考えよう	▶就職氷河期世代が生まれた理由を調べる ▶今後の対応について考え、話し合う	•特に正規・非正規労働者の待遇格差の原因が、経営者側の都合による人件費抑制にあることも押さえる
	•待遇格差やハラスメントがすべて改善されているだろうか	▶現在の待遇格差やハラスメントの状況について調べる	•判例や2020年6月に施行された女性活躍・ハラスメント規制法の内容に触れ、法整備の重要さを押さえる
まとめ	•自分の問題として振り返ろう	▶記事と教科書で、コロナ禍での民間と政府の動きを調べる ▶生徒各自が振り返りシートにまとめる	○資料23 •社会情勢が労働や雇用に影響を与えることに気付かせたい

5 本時の板書計画

◎現代日本の労働や雇用の問題点とは何か。また、その問題点をどのように解決するのか

（前回の復習）
労働とは、何か？
•賃金を得ること
•自己実現をすること（やりがいなど）
•他者や社会から認められること、など

使用者（経営者）と労働者の関係
…契約自由の原則で労働条件を決定。対等な関係
→•労働者が、使用者（経営者）より立場が弱い
•労働組合を結成し、使用者に話し合いなどを要求
•労働三法…労働基準法、労働組合法、労働関係調整法

〈問題点〉•先進国の中で、長時間労働の傾向
•労働災害（過労死など）の発生
•ハラスメントなどによる労働災害が女性を中心に急増

非正規労働者…アルバイト、パート、契約社員などの正規労働者ではない労働者
就職氷河期世代…バブル経済崩壊後に主に正規労働者として雇用されなかった世代。現在も非正規労働者や無業者として社会問題化

〈解決策〉•政府や厚生労働省、都道府県など地方公共団体が社会問題として認識し、就業支援していくなど、正規労働者と非正規労働者の待遇格差をなくす
•経営者側に意識改革を促し、実際に待遇改善につながるように行政が指導していく
•行政がハラスメント規制法などの法整備をより進めていく

6 資料等

資料1 静岡新聞 2020年6月7日付朝刊

県、ひきこもり支援充実

就職氷河期世代 交付金活用

6月補正事業費計上 相談対応手厚く

県は6日までに、ひきこもりの相談窓口を設置していない市町への社会福祉士ら民間アドバイザー派遣などを通じ、ひきこもり状態の就職氷河期世代の支援を充実させる方針を固めた。県内3カ所の就業支援窓口の相談員も増員する。国の交付金事業対象の決定を受け、関連経費を本年度一般会計6月補正予算案に計上する。

バブル崩壊で就職難に遭遇し、ひきこもり状態になったり、非正規で働かざるを得なくなったりした30代後半から40代の就職氷河期世代を支援する内閣府の交付金事業の対象に、県のひきこもり対策と就業支援の2事業（各1千万円）が認定された。

新型コロナウイルス対応に追われる保健師らに代わって民間のアドバイザーを市町の相談会や家族交流会などに派遣し、相談対応のノウハウを伝達する。5日に成立した改正社会福祉法を踏まえ、どのような相談も断らない体制の構築に結び付けたい考え。ホームページ広告のキーワード検索により、県や市町が実施するひきこもり支援情報を当事者や家族に提供する仕組みも整える。

県障害福祉課によると、ひきこもりの背景は就職の失敗や精神疾患など人それぞれで、親が80代、子どもが50代になり、親子で生活に困窮する「8050問題」なども絡んで複雑化している。相談にきめ細かく応じる必要があるが、県内20市町ではひきこもりの相談窓口もない状態という。

一方、県内3カ所の県の就労支援窓口「しずおかジョブステーション」にキャリアコンサルタントら専門家を増員し、就労を目指す就職氷河期世代の支援体制も手厚くする。（政治部・宮嶋尚顕）

県内把握2134人

潜在的人数は不明

県が6日までに公表したひきこもりに関する状況調査によると、県内で民生委員や児童委員が把握しているひきこもり状態の人は2134人だった。ただ、内閣府の調査から県内のひきこもり当事者が3万2千人に上るとの推計もあり、潜在的な人数は不明だ。

県と市町は昨年9月、県内のひきこもり支援の基礎データを得るため、初めて調査を行った。ほとんど社会参加をせずに半年以上、自宅にひきこもっている人や、時々は買い物で外出する人の数を民生委員らを通じて調べた。

このうち、分析可能な2082人では40代が574人と最も多く、50代が495人、30代が369人だった。ひきこもりの期間は「分からない」が635人と最多で、次いで「15年以上」が472人だった。「分からない」などとした人を除いては約半数が10年以上ひきこもっていて、高年齢化や長期化がうかがえる結果になった。ただ、県障害福祉課は「若年層の状態を民生委員らが把握しきれていない可能性もある」と指摘する。

ひきこもりに至った経過では「就職後の失業や退職」が326人、「本人の病気など」が276人、「不登校」が255人だった。「分からない」は868人だった。

資料2 日本経済新聞 2020年11月18日付朝刊

大卒内定率69.8%

10月、5年ぶりに7割切る

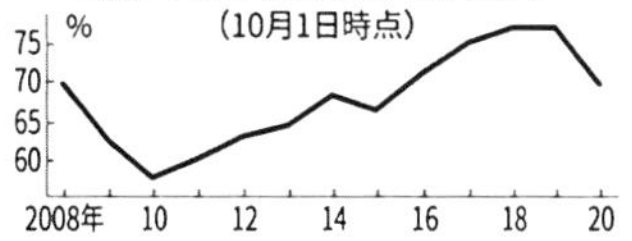

来春卒業予定の大学生内定率（10月1日時点）

（出所）文部科学、厚生労働両省

文部科学、厚生労働両省は17日、来春卒業予定の大学生の10月1日時点の就職内定率が69・8％で、前年同期を7・0ポイント下回ったと発表した。この時期に70％を下回るのは5年ぶり。1996年の調査開始以来、リーマン・ショック直後の2009年調査（前年比7・4ポイント減）に次ぐ下げ幅となった。

近年は上昇傾向が続いていたが、新型コロナウイルスの影響を受けた業界を中心とした採用意欲の低下などが背景にあるとみられる。厚労省の担当者は「就職説明会が中止になるなど情報収集や相談の機会が減っている」と指摘している。

地域別では関東が74・4％と最も高かったが、前年から6・1ポイント減った。下げ幅がもっとも大きかったのは10・4ポイント減の中国・四国で59・7％。北海道・東北も10・3ポイント減の64・2％だった。

文理別では文系が68・7％（7・5ポイント減）、理系が74・5％（4・8ポイント減）と、文系の下げ幅が目立った。

調査は全国の国公私立大62校の学生4770人を抽出して実施。卒業後に就職を希望する学生のうち、就職先が決まった割合を内定率とした。

資料3 静岡新聞 2020年11月30日付朝刊

氷河期世代 国家公務員試験 36倍

1990年代初頭のバブル崩壊後の就職難に遭った「就職氷河期世代」を対象とした各省庁共通の国家公務員中途採用試験が29日、東京や大阪、名古屋など全国の9都市で行われた。人事院によると、この日は全国で計5634人が受験。採用枠は157人で、倍率は約36倍となった。政府は国家公務員の中途採用枠で氷河期世代の重点採用を打ち出しており、各省庁共通の試験は初めて。国家公務員採用で先行事例を示すことによって民間企業への波及効果を狙う。

募集職種は一般行政事務のほか、技術的業務従事者、刑務官、入国警備官。この日の試験は基礎能力テストと作文が実施された。受験資格は1966年4月2日～86年4月1日に生まれた人。

民間波及、コロナ禍 誤算

雇用情勢悪化、余裕なく

就職氷河期世代を対象に実施された省庁横断の国家公務員試験。「今度こそ正規雇用に」と受験者は緊張した面持ちで試験に臨んだ。

政府は本年度から3年の集中期間を設け、30万人の正規雇用化を目指す総合的な支援を開始。公務員採用を起爆剤に民間企業への波及を狙うが、新型コロナウイルス感染拡大で雇用情勢が悪化。民間は雇用維持に手いっぱいで、シナリオは崩れかねない状況だ。

「就職氷河期世代」を対象とした国家公務員中途採用試験の会場に向かう受験者ら＝29日午前、東京都武蔵野市

「今の仕事はいつ首になるか分からない。安定した職に就き、自立して家族を持ちたい」。受験者の一人、埼玉県所沢市のパート市川隆さん(45)。2月に厚生労働省が先行して実施した氷河期世代採用試験をはじめ、川崎市や東京都の同様の試験にも挑んだが不合格が続く。

家庭の事情で働きながら夜間制高校を1997年に卒業。パチンコ店でアルバイトをしながら企業や自治体の試験を受けたが落ち続け、30代半ばで大卒という学歴を手に入れた後も正社員では採用されなかった。

約10年前、近くに住む祖母が足を骨折し要介護状態に。両親とともに介護しながら、流通倉庫で夜10時から早朝まで週5回程度働く。帰宅後、採用試験の勉強をするが「くたくたで頭に入らない」と焦りがにじむ。「人となりを見てほしい。苦労した経験は行政の仕事に生かせるはず」と訴えた。

鈍い反応

政府は昨年末、人手不足で売り手市場が続いていた雇用環境を好機とみて採用した企業に補助金を出すなど対策に乗り出したが、新型コロナの感染拡大でもくろみが外れた。ハローワークで仕事を探す人1人に対し、企業の求人が幾つあるのかを示す有効求人倍率は昨年12月に1・57倍だったのが今年9月には1倍割れ目前の1・03倍にまで下落した。積極採用を要請されている経団連の関係者は「傘下企業に呼び掛けはいるが、反応が鈍い」と嘆く。

第一生命経済研究所の永浜利広首席エコノミストは「企業収益が悪化し、氷河期世代の積極採用は困難になった」と指摘。「政府はこの世代向けの職業訓練を手厚くし、コロナ収束後の即戦力になってもらうようにするなど発想を切り替えるべきだ」と話す。

職種 明暗

愛知県が11月下旬、名古屋市内で開いた氷河期世代向けの合同企業説明会。製造や介護関連などの25社が出展し、2日間で100人以上の求職者が訪れた。「非正規雇用が長くても経験を重ね、即戦力と思える人もいた」と手応えを口にしたのは配送や営業職を募集する食品会社の人事担当者。5人を採用予定だ。

一方、勤務が不規則で給与水準が低いというイメージが根強い建設や警備、運送のブースは空席が目立つ。業界の経験を必須条件にしていたり、遠隔地で通えなかったりするなど選択肢の少なさに不満を漏らす求職者もいた。愛知県東浦町の男性(39)は「学校を卒業した当時より今の方が厳しさを感じる」と疲れた様子だった。

「移住に関心」若者向け情報サイト

地方暮らしの魅力PR

内閣府 開設

内閣府は、地方暮らしの魅力をPRし、移住を後押しするための専用サイト「はじめての移住応援サイト いいかも地方暮らし」を開設した。移住には関心があるものの行動を起こしていない東京圏（埼玉、千葉、東京、神奈川）の20～30代の若者をターゲットに、PRを強化する。

政府が今年1～2月に実施したアンケートでは、東京圏在住の20代のうち40％、30代では36％が地方移住に関心があると回答したが、行動には移せていない。このほか実際に移住を検討していると答えたのはそれぞれ10％台前半にとどまった。

このため専用サイトでは、地方の魅力を身近に感じてもらおうと、東京圏から地方に移住した20～30代の暮らしぶりのほか、どのように住む家や仕事を見つけたかといった体験談も紹介。詳しい移住情報を掲載している各種サイトへのリンク集もある。

担当者は「新型コロナウイルス感染拡大で地方移住への関心が高まっている。サイトを通じ、地方暮らしを具体的にイメージして行動につなげてほしい」と話している。

内閣府が開設したサイト「はじめての移住応援サイト いいかも地方暮らし」

本事例のNIE
新聞活用・新聞機能・新聞制作

事例のアクティブラーニングの重点
主体的・対話的で深い学び

数学

標本調査
――世論調査や国勢調査を考える

1 小単元名 　**標本調査**（6時間扱い）

2 本小単元の目標 　コンピューターを用いるなどして母集団から標本を取り出して調べることで、母集団の傾向が読み取れることを理解する。また調査内容によって、全数調査と標本調査かのどちらが適切かを判断することができる。

3 NIEとしての狙い 　標本調査や全数調査が日常生活の中でどのように使われているのかを、記事で具体的に捉え、国勢調査は全数調査でなければならないこと、世論調査は標本調査でなければならないことを理解する。

4 本小単元の展開（6時間）

時	主な発問	学習活動／○生徒の反応	留意点／○資料等
1	•国勢調査は何のために行うのだろう	▶日常生活の中のいろいろな調査について発表する ○「学校で行う歯科検診、飛行機に乗るときの手荷物検査、湖に住む魚の数の調査などがあるな」	•資料1を示し、2020年に行われた国勢調査について説明する •回答はインターネットでもできることを伝える
2	•香川県内の中学生の数はどのように調べたのだろう •全数調査でなければならないものにはどんなものがあるか	▶全数調査と標本調査の違いを調べる ○「県内の中学生は2万5567人だ」「中学校ごとに調べて、集計したのかな」「学校での歯科検診や飛行機に乗るときの手荷物検査は全数調査でないといけない」	○資料2 •生徒数に関する調査は、全数調査であることを確認する
3・4（本時）	•内閣支持率が新聞によって違うのはなぜだろう •標本調査の良さは何だろう •「○○駅前で100人に聞いた」「インターネットのアンケートによると」などの情報の信頼性はどうなのか	▶内閣支持率は全国の有権者を対象にRDD法で実施されていることに気付く ○「標本調査だから、同じ数字にならないのだな」「他の新聞社の支持率はどうなっているのだろう」「世論調査を全数調査したら、莫大な時間とお金がかかるな」	○資料34 •世論調査を全数調査で行うとしたら、どんな問題点があるかを考えさせる •各紙の調査結果の差は、手法の違いによる可能性があることを押さえる •情報の信頼性について触れる
5・6	•身近な問題解決のためにどのように標本調査を活用すべきか	▶標本調査で母集団の傾向を捉えることもできることを知る	•標本調査の方法や手順を理解させる •身近な問題の解決など、調査を活用する場面について考えさせる

5 本時の板書計画（第3、4時）

■標本調査
〈内閣支持率はどのように計算されるのだろう〉

四国新聞…………66％
朝日新聞…………65％
他の新聞では？
毎日新聞………64％（9/18）
読売新聞………74％（9/20）
日本経済新聞…74％（9/18）

調査結果の違いは？…調査手法の違い
RDD法とは？
…無作為抽出した番号へ電話する調査方法
固定電話と携帯にかける理由
…携帯の普及で固定電話を持たない若い人が増えたため

全数調査ですると…費用や時間がかかる
標本調査の必要性は？
…標本の選び方を工夫すれば誤差が少なく費用と時間を縮減できる
情報をどのように解釈するのか
…事実を曲げず、母数の傾向を捉える
信頼できる情報とは
…出所不明の情報ではなく、きちんと調べたもの

6 資料等

資料1 四国新聞 2020年9月15日付

ネット回答呼び掛け

国勢調査開始、接触を回避

国の最も基本的な調査で、5年に1度実施する国勢調査の調査票配布が14日、始まった。スマートフォンやパソコンを使ったインターネット回答の受け付けも同日スタートした。総務省は新型コロナウイルス感染対策として、対人接触を避けるネット回答を重視。全回答に占める割合を50%（前回36・9%）に引き上げることを目指し「早めにネットで回答を」と呼び掛けている。回答期間は10月7日まで。

国勢調査は1920年に始まり、今年で100年の節目。外国人も含め日本国内に住む全ての人を対象に、10月1日時点の世帯構成や居住期間、5年前の居住地、就業状況など全16問を尋ねる。

公募などで選ばれた全国約61万人の調査員が14日から調査票を各戸に配布。ネット回答用のIDとパスワードを記した書類も同封されており、同日から回答を受け付ける。10月1日から7日まで調査票の郵送での提出も受け付ける。

これまでは、身分証や腕章を着けた調査員が各戸を訪れ、居住者に調査票を直接手渡す方式だった。今回調査では接触をなるべく避けるため、郵便受けなどに投函（とうかん）し、インターホン越しに調査の趣旨や内容を説明する。

回答期間中にネット・郵送での回答がない場合、調査員が再訪して調査票の回収に当たる。最終的な回収期限は10月20日だが、調査員が特に不足している自治体や7月豪雨の被災地などでは期限を11月20日まで1カ月延長する。この影響で、調査結果の速報値の公表時期を当初予定の来年2月から同6月に遅らせる。

近年は単身世帯の増加やプライバシー意識の高まりから、調査票を回収できないケースが増加。総務省は回収率の低い都市住民らを念頭に、ネット回答のPRを強化する方針だ。

2015年の前回調査では、外国人を含む日本の総人口は1億2709万4745人。10年の調査を約96万人下回り、調査開始以来、初めて総人口が減少に転じた。

資料2 四国新聞 2020年10月16日付

県内小学生 初の5万人割れ

20年度調査

中学生も最少更新

県内の小中学校の児童生徒数が過去最少を更新したことが、県の2020年度学校基本調査で分かった。小学生は初めて5万人を割り込み、ピーク時の3分の1に減少。進む少子化や平成の大合併に伴って学校の統廃合も進み、小学校はこの10年間で30校減り、中学校の数も最多だった時期の4割程度になっている。

同調査は1948年度から実施。文部科学省から委託を受け、県が毎年5月1日時点のデータをまとめている。本年度の調査によると、小学生の数は前年度比719人減の4万9988人。男女別では男子が2万5696人、女子が2万4292人だった。

児童数のピークは1947～49年生まれの「団塊の世代」が小学生だった58年度の14万5256人で、比較すると本年度は34・4%に落ち込んでいる。

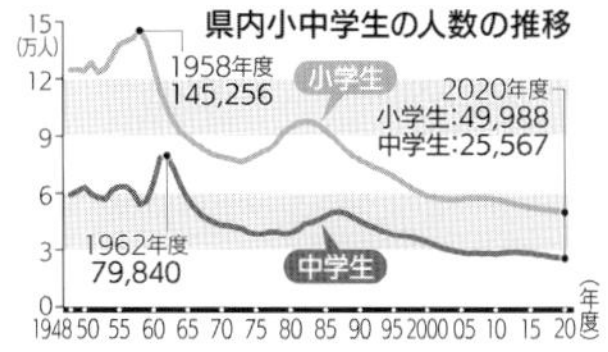

中学校の生徒数は前年度比420人減の2万5567人で、男子1万2915人、女子1万2652人。生徒数は1962年度の7万9840人を境に減少に転じ、本年度はピーク時の32・0%だった。

小学校の数は今年5月時点で160校。東かがわ市の福栄、白鳥、本町の3小学校が統合したため、前年度から2校減った。ピークは児童数と同時期の1957～59年度で263校。中学校は48年度の194校が最多で、2018年度以降は76校になっている。

このほか、高校生の人数は前年度比402人減の2万5476人。減少傾向が続く中、県教委は県外からも生徒を受け入れる「全国募集」を21年度入試から解禁するなどし、生徒数の維持や地域の活性化を図る。

資料3 四国新聞 2020年9月18日付

内閣支持率66%

新立民「期待しない」55%

全国世論調査

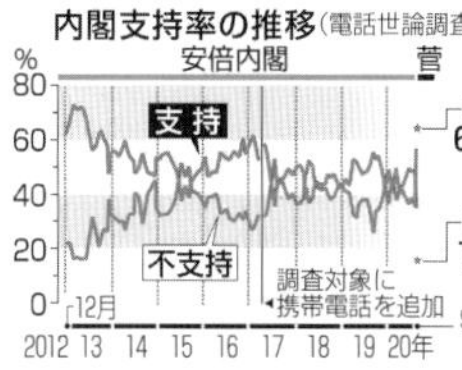

共同通信社が16、17両日に実施した全国緊急電話世論調査で、菅内閣の支持率は66・4%に上り、支持しないと答えた人は16・2%となった。最近の歴代内閣の発足時と比較しても高支持率となった。衆院解散・総選挙の時期はいつがよいか尋ねたところ来年秋の「任期満了かそれに近い時期」が55・1%で最多。森友、加計学園や桜を見る会問題を「再調査すべきだ」との回答は62・2%、「再調査する必要はない」は31・7%だった。（2面に関連記事）

調査手法が異なるため単純比較はできないが、2000年以降では小泉純一郎内閣（86・3%）、鳩山由紀夫内閣（72・0%）に次ぐ数値。菅氏が継承した安倍内閣の12年の発足時62・0%も上回った。

首相がアベノミクスなど安倍晋三前首相の路線継承を前面に出すことを「評価する」が58・7%。「評価しない」は32・4%。菅内閣が優先して取り組むべき課題を聞いたところ（二つまで回答可）「新型コロナウイルス対策」が64・1%で最多。景気・雇用（35・2%）、年金・医療・介護（23・8%）、財政再建（18・4%）と続いた。省庁改革は4・5%。

安倍内閣から再任された閣僚が8人となった組閣人事に「期待できる」は49・2%、「期待できない」40・6%。野党が合流新党として設立した立憲民主党に「期待する」は36・9%、「期待しない」の55・8%を下回った。

次期衆院選の比例代表の投票先は自民党が44・4%。立民9・0%。日本維新の会6・1%、公明党5・9%と続いた。

政党支持率は自民47・8%、立民7・0%、公明3・4%、共産党4・0%、日本維新4・7%、国民民主党1・2%、社民党0・7%、NHKから国民を守る党0・7%、れいわ新選組0・6%。「支持する政党はない」とした無党派層は28・0%だった。

▽調査の方法＝全国の有権者を対象に16日午後から17日にかけて、コンピューターで無作為に発生させた番号に電話をかけるRDD（ランダム・デジット・ダイヤリング）法で実施した。固定電話は、福島県の一部地域を調査対象から除いた。実際に有権者がいる世帯にかかったのは688件、うち501人から回答を得た。携帯電話は、電話がかかったのは1277件、うち502人から回答を得た。

資料4 朝日新聞 2020年9月18日付朝刊

菅内閣支持65%

顔ぶれ継承 評価58%

森友・加計・桜「解明を」54%

本社世論調査

菅義偉内閣の発足を受け、朝日新聞社は16、17日、世論調査（電話）を実施した。内閣支持率は65%で、不支持率は13%だった。調査方法が異なるため、単純には比較できないが、第2次安倍晋三政権の発足直後の支持率は59%だった。▼4面＝質問と回答

支持率を男女別にみると、女性が68%と、男性の62%より高く、常に男性の方が高かった安倍内閣との違いがみられる。年代別では、すべての年代で6割を超えた。30代以下が厚めだった安倍内閣と異なり、幅広い支持を得ている。

歴代内閣の発足直後の支持率

2012年までは固定電話のみ、20年は携帯電話も対象

支持	内閣	不支持
65%	菅義偉 0000年	13%
59	安倍 12年	24
53	野田 11年	18
60	菅直人 10年	20
71	鳩山 09年	14
48	麻生 08年	36
53	福田 07年	27
63	安倍 06年	18
78	小泉 01年	8

内閣を支持する人に理由を4択で聞くと、「他よりよさそう」が41%で最も多く、「首相が菅さん」23%、「政策の面」20%、「自民党中心の内閣」14%と続いた。安倍内閣の傾向と比べると、「他よりよさそう」が少なく、「首相」を理由に挙げる人が多い。

内閣が最優先課題とする新型コロナウイルス対策について、菅首相の取り組みに63%が「期待できる」と答え、「期待できない」は22%だった。菅内閣に、安倍内閣の閣僚の半数以上がとどまったことの評価を聞くと、「よかった」が58%で、「よくなかった」が24%。前政権の継承を掲げた内閣の顔ぶれに肯定的な見方が多かった。

一方、安倍前首相の経済政策については「見直す方がよい」は50%で、「続ける方がよい」の37%を上回った。内閣支持層でも42%が「見直す方がよい」と答えた。

また、安倍政権で起きた森友・加計学園や桜を見る会などの問題については、菅首相が解明を「進めるべきだ」は54%で、「その必要はない」は36%。60代以上で6割以上が「進めるべきだ」と答える一方、30代以下では「その必要はない」が5割を占めた。

本事例のNIE
新聞活用・新聞機能・新聞制作

事例のアクティブラーニングの重点
主体的・対話的で深い学び

理科

身近な自然をイメージしよう

1 小単元名　**生物どうしのつながり**（6時間扱い）

2 本小単元の目標　自然界の中で、動物や植物、微生物がどのように関わり合いながら生きているのか、環境が変化した時にどうなるのかを、実感を伴って理解するとともに、その中で物質循環にも気付くことができる。

3 NIEとしての狙い　本単元を一般論ではなく、身近な自然をイメージすることにより捉えさせるため、新聞記事を導入で活用したい。事前に、自然の変化に関する記事を生徒に探させておくとよい。

4 本小単元の展開（全6時間）

時	主な発問	学習活動（○生徒の反応）	留意点（○資料等）
1（本時）	・記事の中で取り上げられている生物を知っているか ・なぜ観測が中止になったのだろう	▶記事を読んで感想を発表し合う ○「環境の変化の激しい時に、この観測を縮小するのは疑問だ」「都市化で生物がいなくなるのは問題だ」「限られた予算を有効に使うには、やむを得ない」	○資料 ・記事を読み、自然の変化を自分事と捉えることで、知識の習得や理解にとどまらない自分の中での学びに変え、主体的に学習するための関心が芽生えるようにする
2・3	・植物や動物の特徴は何だろう	▶植物や動物の特徴を調べ、発表する ○「植物は生産者で、光合成で有機物を作る」「動物は消費者で、他の生物を食べて有機物を取り入れている」	・既習の光合成や消化・吸収について、単なる復習ではなく、生産者・消費者の視点から学び直させる ・生態系全体を大きな視点で捉え、理解させる
4・5	・動物のフンや死体・枯れ葉等は自然の中でどうなるか	▶枯れ葉が腐葉土になり、動物のフンや死骸が肥料になり、植物の栄養になるメカニズムを調べ、図に表す	・「分解者」はイメージしにくいため、暖かい時期に枯れ葉や動物の肉片を野外（校庭の草むら等）に置き、分解の様子を先に見せておくと、理解につなげやすい ・動植物の連鎖・循環を個々に工夫して、関連が見えるよう、図にさせる
6	・自然環境が変化したとき、生産者・消費者・分解者はどうなるか	▶第2～5時で学習したことを踏まえ、あらためて第1時での話し合いの結果を振り返る ▶自然環境が変化することで草木・昆虫・動物がどうなるか、各自で考える	・自然環境の変化により、以前と異なる生態系ができる場合も多いが、やがてバランスが取れることを踏まえさせる ・災害や人の活動で自然環境が変化することも押さえる

5 本時の板書計画（第1時）

身近な環境の変化

資料

●記事中の生物
タンポポ　ツバメ　アブラゼミ　モンシロチョウ　スミレ

●生物季節観測を縮小する理由
都市化、地球温暖化 ⟶ 生態環境の変化 ⟶ 虫や鳥を見つけにくくなった

●身近な生態環境が変化するその他の理由
台風による川の氾濫、耕作放棄、工事、草刈り、野焼き

●環境が変化するなかで、生息する生物はどうなってしまうのだろう？
生息場所が移動、生息できるところが減少 ⟶ 生物の数や種類が少なくなる

6 資料等

資料｜静岡新聞 2020年12月28日付夕刊

〝季節の便り〟対象生物縮小

都市化影響で気象庁

動物は全廃、桜など継続

季節の移ろいを野鳥の初鳴きや草木の開花でとらえてきた気象庁の「生物季節観測」が来年から大幅に縮小される。動物はウグイスやアブラゼミの初鳴き、蛍の初見など全23種の24項目、植物も多くが対象から外れ、桜の開花・満開など6種の9項目が残る。都市化が進んだため対象の生物を見つけにくくなったことが主な理由だ。

来年も観測が続くのは他に梅の開花、アジサイの開花、イチョウの黄葉・落葉、ススキの開花、カエデの紅葉・落葉。

気象庁によると、生物季節観測の歴史は古く、前々身「東京気象台」時代の1880年に旧内務省地理局測量課がまとめた冊子「気象観測法」中の「定期顕象ノ記」で記載された。1953年には前身の「中央気象台」が「生物季節観測指針」を策定し、観測手法が全国で統一された。最新の指針は2011年版（12年改正）だ。

現在、生物季節観測に当たっている気象台や測候所（気象官署）は58あるが、対象生物はそれぞれ異なる。今年、全官署で観測したのは桜の開花だが、栗の開花は水戸、ヒガンザクラとアンズの開花・満開は長野、チューリップの開花は富山と、それぞれ1カ所の地方気象台だけで担った。

これまでも直近30年間で8回以上観測できなかった生物を翌年から対象外にしてきたが、さらに今回の見直しでは生息域にばらつきが少なく、各地の結果と比べやすいものを改めて抽出した。タンポポは都市部でもよく見かけるが、開花時期がよく似ている桜でも季節の変化を把握できるとして対象から外した。

動物はそれぞれ個体数が減っている影響で発見が難しくなったり、「初見」「初鳴き」に遭遇できる時期がずれ込んだりしており、季節の変化を的確に捉えられなくなってきているとして全廃することになった。

一方、自治体の中には独自の観測結果を町おこしなどに活用している例がある。気象庁は参考にしてもらえるよう、廃止される動植物も含む全種の観測手法をホームページで公表する予定だ。

◀生物季節観測が廃止される（写真上から時計回りに）タンポポ、ツバメ、アブラゼミ

観測は気象台から5キロ圏

これまで生物季節観測は気象台や測候所（気象官署）の敷地内や周辺の公園などで定めた「標本木」のほか、気象官署から5キロ圏内で標高差50メートル以内の範囲で職員が生物を探し、行われてきた。多くの場合は対象生物が脈々と命をつないできた場所を代々の担当者が引き継いできたという。

ただし、範囲内でも人が特に手を掛けた盆栽や鉢植え、飼育された動物は対象外だ。秋に桜が咲いたり、真冬なのにモンシロチョウが飛んだりする「不時現象」も成果としては扱わない。

その一方、ソメイヨシノが育たない北海道の一部ではエゾヤマザクラ、沖縄県ではヒカンザクラ（表記が似ている「ヒガンザクラ」は別種）を観測対象として代用するといった〝地域にとっての身近さ〟を重視する運用がされてきた。

生物季節観測が継続・廃止される動植物

継続	植物	■梅の開花	■ススキの開花
		■桜の開花・満開	■イチョウの黄葉・落葉
		■アジサイの開花	■カエデの紅葉・落葉
廃止	植物	■椿の開花	■梨の開花
		■デイゴの開花	■シロツメクサの開花
		■アンズの開花・満開	■チューリップの開花
		■テッポウユリの開花	■ノダフジの開花
		■水仙の開花	■桃の開花
		■リンゴの開花	■ヤマツツジの開花
		■芝の発芽	■柿の開花
		■ヒガンザクラの開花･満開	■ライラックの開花
		■しだれ柳の発芽	■栗の開花
		■桑の発芽・落葉	■キキョウの開花
		■唐松の発芽	■ヤマハギの開花
		■スミレの開花	■ヒガンバナの開花
		■タンポポの開花	■サルスベリの開花
		■イチョウの発芽	■サザンカの開花
		■ヤマブキの開花	
	動物	■ヒバリの初鳴き	■蛍の初見
		■ウグイスの初鳴き	■ハルゼミの初鳴き
		■キアゲハの初見	■ヒグラシの初鳴き
		■モンシロチョウの初見	■ニイニイゼミの初鳴き
		■ニホンアマガエルの初見・初鳴き	■アブラゼミの初鳴き
		■トカゲの初見	■ミンミンゼミの初鳴き
		■トノサマガエルの初見	■クマゼミの初鳴き
		■ツバメの初見	■エンマコオロギの初鳴き
		■クサゼミの初鳴き	■ツクツクホウシの初鳴き
		■シオカラトンボの初見	■アキアカネの初見
		■カッコウの初鳴き	■モズの初鳴き
			■サシバの南下初見

記事で身近な生物が取り上げられても、生徒にとってなじみが薄いためにイメージが持てないケースも増えている。このため、身の回りの動植物をよく知る生徒に説明させるなどして授業に広がりを持たせたり、自然環境について普段の生活の中でも意識させたりする工夫が必要である。

本事例のNIE
新聞活用・新聞機能・新聞制作

事例のアクティブラーニングの重点
主体的・**対話的**で**深い学び**

技術・家庭

未来の農業の形とは

1 小単元名　**生物育成に関する技術の評価・活用**（2時間扱い）

2 本小単元の目標　少子高齢社会や地球温暖化、未曾有の大災害などを背景に、先人の知恵を引き継いできた農業形態が大きく変化しようとしている。生徒自身の栽培経験をもとに、植物工場やスマート農業の特徴を知り、未来の農業の形を仲間とともに考える。

3 NIEとしての狙い　記事から、生物育成への技術の関与を身近で具体的に感じ取らせ、多面的・多角的に考えさせる。

4 本小単元の展開（2時間）

時	主な発問	学習活動／○生徒の反応	留意点／○資料等
1	• 日本の食料は十分に足りているか	▶日本の食糧生産における課題に気付く	• 食糧自給率に着目する
	• 食糧自給率の向上に必要なことは何だろう	▶自給率の低い食糧を増やす取り組みについて意見を共有する（課題を確認する）	• 増産に必要な要素（作付面積、生産者の増加）を理解させ、技術の役割を考えさせる
	• 課題を解決するために技術が生かされる場面を考えよう	▶植物工場の動画を視聴し、長所と短所について理解を深め、課題の解決に向けた技術のあり方について考える	○資料1、動画「サイエンスニュース（29）植物工場の新展開」（科学技術振興機構） • 長所だけでなく、短所や課題にも気付かせる
2	• 食糧自給率向上のための手立てを考えよう • 資料を見て考えをまとめよう	▶植物工場以外に自給率向上に向けた手立てがあるか、意見交換する ▶記事を用いて最新技術について調べ、まとめる	○資料2 3 • 養殖や植物工場の特徴を共有する • 生産量の増加、労働人口の減少を助けるための手立て、その他に分類して考える
	• 10年後の食料自給率はどうなるだろう	▶自給率向上に有効な手段（改善の見込みや技術の進化）を話し合い、まとめる	• 各地の取り組みの特徴をつかみ、根拠を明確にしながら説明できるよう支援する

5 本時の板書計画（第1時：上、第2時：下）

昨日の給食の献立

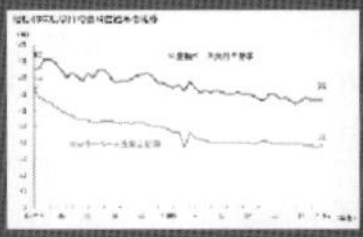

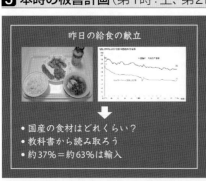

• 国産の食材はどれくらい？
• 教科書から読み取ろう
• 約37％＝約63％は輸入

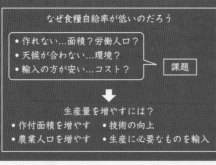

なぜ食糧自給率が低いのだろう

• 作れない…面積？労働人口？
• 天候が合わない…環境？
• 輸入の方が安い…コスト？
→ 課題

生産量を増やすには？
• 作付面積を増やす　• 技術の向上
• 農業人口を増やす　• 生産に必要なものを輸入

生産量増加（技術の向上）

• 面積を増やす→森林の伐採
　環境破壊　×
• 労働人口を増やす→少子高齢　×
• たくさん輸入…貿易摩擦、日本のお金が減る　×

技術の力で解決を目指すには？
• 教科書を参照
• 動画の視聴

〈教科書から〉	長所	課題
• 品種改良	気候に合わせる、収穫量増	完成に時間がかかる
• 共栄作物	無農薬	効果は緩やか
• LEDと水耕栽培	天候に左右されない。収穫量増	電気料金がかかる、停電に弱い
• 養殖技術の向上	収穫量増	設備費用がかかる
• バイオテクノロジー	収穫量増、病気に強い	安全面、自然への影響
〈動画から〉		
• 植物工場	収穫量増、栄養価、無農薬、清潔	電気料金がかかる、停電に弱い、葉ものに集中

食糧自給率の向上
• 植物工場
• 品種改良
• 養殖技術の向上
• バイオテクノロジー

資料から読み取る技術
農業 • 自動運転トラクター • ドローンの種まき
畜産 • 自動搾乳機 • えさの改良
漁業 • えさの改良 • 人工光による成長促進

10年後の食糧自給率はどのように変化するだろうか
〈向上する〉 •
〈向上しない〉 •
〈変化しない〉 •

6 資料等

資料1 福井新聞 2020年5月8日付

「代替肉」の流通拡大へ

農水省 メーカーと研究会

食肉需要増、畜産農家減で

伊藤ハムの「代替肉」商品

農林水産省は、大豆など植物性タンパク質を原料とする「代替肉」の流通拡大に向けた検討を始めた。食肉の需要が世界的に増える中で、食料の多くを輸入に頼る現状を踏まえ、タンパク質の供給源を多様化するのが狙いだ。健康志向を背景に海外で注目が集まっており、既に複数の企業が代替肉を手掛ける国内でも市場活性化を図る。

農水省は4月、食品メーカーや学識者らと共同で研究会を立ち上げた。代替肉や、動物の細胞を培養して増やし食用にする「培養肉」に注目し、企業に新商品開発を促す方策や、先端技術の活用などについて話し合う。食の安全性についても検討し、夏をめどに中間報告をまとめる。

世界では人口増加を背景に食肉需要が急増し、10年後に1・5倍超になるとの試算がある。一方で国内の畜産農家は高齢化に伴い減少し、生産量は伸び悩んでいる。輸入量は近年増える傾向にあり、牛肉と豚肉では国内生産量を上回って推移している。

代替肉は、牛や豚などの飼育に必要な餌を減らせるため環境負荷が小さいとされ、植物由来の原料でカロリーも抑えられる。国内では日本ハムや伊藤ハム（兵庫県西宮市）が大豆由来の原料を使ったハムやソーセージを販売するなど、各社が力を入れ始めた。

資料2 福井新聞 2019年7月24日付

人工飼料だけで育てた近大マグロの刺し身＝23日

近大マグロ、人工飼料で

来月出荷 餌のサバ資源保護へ

世界で初めてクロマグロの完全養殖に成功した近畿大は23日、稚魚から成魚まで人工飼料だけで育てた「近大マグロ」を8月から出荷すると発表した。餌となるサバなどの資源保護も進める。餌の輸送や保管の費用も安くできる。

ただ飼料の主原料はイワシの魚粉に依存している。さらに研究を重ね、将来は大豆などの植物性タンパク質の餌で育てられるようにする。人工飼料で育てたマグロは、東京・銀座と大阪市内の料理店「近畿大学水産研究所」で提供する。

クロマグロはサバやイワシなどを食べて育つ。40～50キロのマグロを出荷するまでには1匹当たり600～700キロの生魚の餌が必要だが、人工飼料だと給餌量は3分の1に抑えられ、輸送や冷凍保管の手間が省けるという。人工飼料は生魚の餌と比べて食い付きが悪かったが、アミノ酸を添加してマグロの好む味にするなどの工夫をした。

近畿大のマグロの完全養殖は、採卵、ふ化、養殖、産卵というサイクルを全て人工で手掛ける。近畿大は1985年から人工飼料を使った養殖実験を始めていた。

資料3 福井新聞 2020年8月3日付

ドローンでコメ収量増

県農試 生育診断法を公開 坂井

施肥を行うためドローンで稲の生育診断をする県農業試験場の担当者ら＝7月29日、坂井市坂井町福島

先端技術を活用して労働時間を減らし収量を増やす「スマート農業」の実証事業に取り組んでいる県農業試験場は7月29日、坂井市内の水田で、ドローンを使った稲の生育診断の取り組みを報道陣に公開した。生育状況が画像で一目で分かるため効率的な施肥が可能になり、収量アップが期待される技術をアピールした。

実証事業は昨年度から県農試が中心となり、田中農園（坂井市坂井町）、農機メーカーなどと実施。水稲、大麦、大豆の2年3作を効率的に行おうと▽衛星利用測位システム（GPS）を使った農機による耕起や田植え▽スマートフォンによる水管理システム―などを行っている。

このうち、ドローンによる稲の生育診断が公開された。ドローンは自動操縦で、田中農園の水田では地上45メートルから稲の状況を次々と撮影した。葉の色や密集度合いを解析し、その良しあしを色分けして画像上に表示することで、一目で場所ごとの生育状況が分かる技術が披露された。

このデータを基に追肥量を加減することで、あきさかりの10アール当たりの収量は40キロ増えたという。田中農園の田中勇樹代表は「これまでは葉を見て生育判断していたが、水田全体のデータを基に追肥ができ効率的になった」と話した。

県農試の担当者は「ドローン生育診断と連動し、自動で追肥ができる農機の技術改良にも取り組みたい」と意欲を見せていた。

（五十嵐靖尚）

本事例のNIE
新聞活用・新聞機能・新聞制作

事例のアクティブラーニングの重点
主体的・対話的で深い学び

英語

Poems ――新聞写真を使って5行詩を書こう

1 小単元名　Poems（3時間扱い）

2 本小単元の目標　モデル詩を参考にしながら、新聞に掲載されているお気に入りの写真について、既習の単語や文構造を生かした5行詩を書くことができる。

3 NIEとしての狙い　新聞には興味、関心のわく見出しや写真が掲載されているので、記事の内容を捉えやすく、生徒の学習意欲を喚起する。新聞写真を活用した詩の創作を通して、読み取った記事について感じた思いを英語で表現する力を高め、言語活動の充実につなげる。

4 本小単元の展開（3時間＋文化祭での発表）

時	主な発問	学習活動／○生徒の反応	留意点／○資料等
1	•モデル詩の構成を理解しよう	▶Learn the format •教科書のモデル詩から、テーマや作者の気持ちを確認する •新出語句の確認とモデル詩の音読練習	•詩のイメージを大きく広げさせる •どのような感情を込めて各行を読むと詩の思いが伝わるかを考えさせる ○教科書のモデル詩
	•新聞からお気に入りの写真を探そう	▶Choose a picture •新聞からお気に入りの写真付き記事を探し、スクラップする ○「幸せそうな写真、平和が続くといいな」「きれいな景色だな。幻想的、どこの町だろう」	•詩をイメージしやすいようにカラー写真を選ばせる
2（本時）	•新聞の写真を使って英語で5行詩を書こう	▶Write a poem •決められたルール（5行詩）を確認する •スクラップした記事を読み、写真についての情報を知る •既習の単語や文構造を生かしながら、5行詩をまとめる ○「写真のあったかいイメージを表現しよう」「写真のイメージにあう形容詞を調べてみよう」「現在進行形だと躍動感が伝わるかもしれない」	•ルールは板書し、先輩の作品を提示する •新聞の写真だけでイメージするのではなく、記事内容も理解して作成させる
3	•互いに5行詩を発表し、英語で感想をつぶやこう	▶Present each other •互いの作品の良い点や感想を簡単につぶやく ○“That's great.”“This picture is interesting.” “It's amazing! I was impressed with your poem.” “Your poem made me happy. Thank you.”	•つぶやきは、付箋に書いて相手に渡す •文化祭で作品発表することを伝える ○生徒作品（資料1～4）

※生徒の作品は、文化祭の展示部門で掲示し、優秀作品は文化祭のステージ発表で披露する

5 本時の板書計画

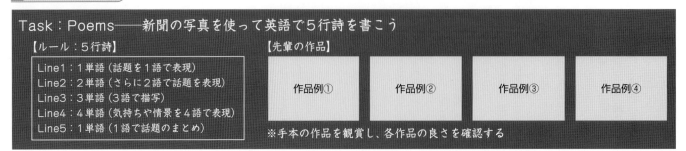

Task：Poems――新聞の写真を使って英語で5行詩を書こう

【ルール：5行詩】
Line1：1単語（話題を1語で表現）
Line2：2単語（さらに2語で話題を表現）
Line3：3単語（3語で描写）
Line4：4単語（気持ちや情景を4語で表現）
Line5：1単語（1語で話題のまとめ）

【先輩の作品】
作品例①　作品例②　作品例③　作品例④
※手本の作品を観賞し、各作品の良さを確認する

6 資料等

資料1 生徒作品 (河北新報2020年11月16日付朝刊)

資料2 生徒作品 (日本農業新聞2020年11月30日付)

資料3 生徒作品 (河北新報2020年11月15日付朝刊)

資料4 生徒作品 (河北新報2020年10月18日付朝刊)

英語

ジグソーリーディングで議論する

1 小単元名 Living with Robots —For or Against（8時間扱い）

2 本時の目標
- 現在分詞と過去分詞を用いて、人やものについて情報を加えて説明できる
- 間接疑問文を用いて、自分が何を知っているかなどを述べることができる
- 相手の意見を受けて、自分の考えを述べながら、英語で議論することができる

3 NIEとしての狙い
教科書が取り上げる「ロボット」に関連する記事を使うことで、身近な出来事として捉えさせる。英字紙だけでなく、日本語の新聞も用いることで、記事の内容を理解しやすくする。ネイティブスピーカーが英字紙を音読し、英語の響きに親しませる。

4 本時の展開（5、6/8時間）

時	主な発問	学習活動（○生徒の反応）	留意点（○資料等）
導入	•英語であいさつしよう		•英語を学習する雰囲気を作る
展開	•最近のロボットにはどのような特長があるか	▶ロボットに関する日本語の新聞と英字紙の重要な単語や文に印をつける ▶ジグソーリーディングをする ①外国語指導助手（ALT）が英字紙の内容を3分割し、②A～Cのグループにそれぞれ異なるパートを割り当て、グループごとに内容を話し合う、③A～Cの各グループの生徒が入った3グループ（X～Y）を新たに編成し、記事全体を把握する	○資料 **1** **2** •ALTが英字紙の記事の見出しと第1段落を読み聞かせる •教科書でも取り上げる「ロボット」を扱った記事を通じて、実社会に目を向けさせる •学校司書とともに記事を選ぶのもよい •発表を通じて読んだり聞いたりする経験を積むことで、英語の上達を目指す
	•教科書の登場人物はそれぞれロボットに対してどんな思いを抱いているか	▶ペアになって教科書を読み合い、協力して内容を理解する ▶記事も踏まえ、ロボットの普及がもたらす功罪を英語で議論する（相手の意見を受けて、自分の考えや理由を英語で表現する）	•議論が進まないペアには、ロボットの進化の利点と問題点を書き出して思考するよう促す
まとめ	•もう一度記事の英語を聞き取ろう	▶各自で議論の内容をワークシートにまとめた後、最後にALTが記事を読み上げる	•ALTが読み上げた内容が少しでも聞き取れれば“Good Job”と声掛けする

5 本時の板書計画（第5、6時）

記事から

The Japan Times Alpha
紙面
- an unmanned cargo aircraft
  (un＋manで)無人の
- a shortage of delivery staff
  (shortだから)不足

The Japan News
紙面
- The unmanned plane is faster than a truck.
- immune to traffic jams
  (影響されない)(交通渋滞)

教科書から

Read and Think①
Deepa: Some robots can put together products, like cars or cameras. Other robots can work in dangerous places instead of people. （肯定的）
Kota: Robots are so efficient that they're taking people's jobs away.
(とても…なので～だ) （懐疑的）

Read and Think②
Saki: Future robots may be able to help them when they take a bath, or go shopping. （肯定的）
=elderly people
Alex: If they get out of control, we don't know what they'll do. They're too dangerous to be our partners. （懐疑的）
=robots (～するには…すぎる)

6 資料等

資料1 ワークシート

左：毎日新聞2018年10月13日付朝刊
右：The Japan Times Alpha 2018年11月2日付

【左：2018年10月13日（土）、毎日新聞（朝刊7面）／右：2018年11月2日（金）、 The Japan Times Alpha（6面）】No. 3 Class ____ No. ____ Name ____________

ヤマトホールディングスとベル・ヘリコプターが開発する無人輸送機のイメージ

ヤマト「空飛ぶトラック」

無人輸送機開発 ベルと提携

宅配便最大手のヤマトホールディングスは12日、荷物を運ぶ無人輸送機を米国の「ベル・ヘリコプター」と共同で開発すると発表した。自動運転技術などを進化させた「空飛ぶ車」のトラック版となり、2020年代半ばまでの実用化を目指す。効率の良い配送網を確立し、収益を拡大する狙い。

ドローン（小型無人機）を使った商品配送を手掛ける企業もあり、空中利用が本格化しそうだ。

試験飛行で使う予定の機体は横幅が約2・5㍍、四つのプロペラで飛行する。専用の容器に30～35㌔程度の荷物を詰めて運ぶことを想定している。

ベルが機体を担当し、ヤマトは物流で培ったノウハウを活用して容器を開発する。ベルは将来的に時速160㌔以上で、重さ453㌔の荷物を運べる機体の開発を目指しているという。

ドローンを使った配送では、楽天がゴルフ場で飲み物などを運ぶサービスを開始。日本郵便は郵便局間の荷物配送にドローンの活用を目指している。

Yamato to jointly develop flying delivery trucks

ヤマト、共同で無人輸送機開発

ヤマトホールディングスは10月12日、人手不足解消と物流の効率化に向けて、米ベルヘリコプターと共同で空飛ぶ無人の輸送機を開発すると発表した。

KYODO

Yamato Holdings Co. said Oct. 12 it has agreed to jointly develop an **unmanned** cargo aircraft with U.S. company Bell Helicopter Textron Inc., aiming to launch the "flying truck" by the mid-2020s, **amid** a labor shortage in the **logistics** industry.

Yamato said it will develop the cargo container, while Bell will build the body of the **autonomous** aircraft. The companies expect the vehicle will carry cargo weighing up to 453 kilograms at 160 kph and be able to take off and land vertically and cruise horizontally.

Japanese logistics companies are keen to introduce **cutting-edge** technologies to **address** a shortage of delivery staff and enhance business efficiency. (Kyodo)

unmanned 無人の。amid ～の中。logistics 物流の。autonomous 自動の。cutting-edge 最先端の。address ～に対処する。

1．毎日新聞とJapan Times Alphaの記事の両方で重なる情報を書きなさい。

・10月12日に発表
・空飛ぶ車
・2020年代半までに実用化
・重さ453kg
・時速160km

2．グループで読み取った内容を共有しよう。

1	「空飛ぶ車」のトラック版 10月12日
2	ヤマトホールディングスは12日、荷物を運ぶ無人輸送機を米国の「ベル・ヘリコプター」と共同で開発すると発表した。453kgの荷物を運べる機体を開発中。
3	将来的に時速160km以上で飛ぶ予定。

3．2．で読んだ記事の内容をグループで3文にまとめよう（日本語）。

ヤマトホールディングスは12日、荷物を運ぶ無人輸送機を米国の「ベル・ヘリコプター」と共同で開発すると発表。現在重さ453kgの荷物を運ぶことができる機体を開発中で将来的には、時速160km以上で飛ぶ予定。人手不足の運送業界に大きな影響を与えるであろう。

資料2 The Japan News 2018年10月13日付

Yamato to team with U.S. firm on UAV

The Yomiuri Shimbun

Yamato Holdings Co. has reached a basic agreement with a major U.S. helicopter manufacturer to develop an unmanned "flying truck" capable of transporting goods via air, Yamato announced Friday. It aims to start commercial use of the vehicles by the mid-2020s.

Yamato reached the agreement with U.S.-based Bell Helicopter Textron Inc. According to the two companies, the unmanned aircraft will fly at speeds of at least 160 kph and carry cargo of up to about 450 kilograms.

Bell will develop the aircraft itself, while Yamato will construct the cargo container. The companies will produce a prototype by August 2019 and conduct test flights.

Courtesy of Yamato Holdings Co.

An artist's rendering of a "flying truck," to be developed by Yamato and U.S. firm Bell Helicopter Textron.

The unmanned plane is faster than a truck, immune to traffic jams and not bound to road and railway routes, benefits that are expected to reduce costs.

Yamato hopes to use unmanned aircraft to solve the shortage of truck drivers and other workers that has plagued the transport industry. The company views such vehicles less as aircraft than as a means of transporting and distributing smaller cargo than conventional airborne cargo. It aims to eventually expand the system throughout Japan and abroad.

For now, plans are to use the aircraft for intermediate-range transport rather than home delivery.

特別の教科
道徳

本事例のNIE
新聞活用・新聞機能・新聞制作

事例のアクティブラーニングの重点
主体的・対話的で深い学び

自らの生き方を考えよう

1 主題名 家族愛――めぐみさんを探し続けた40余年（内容項目：C）

2 本時の目標

拉致被害者の横田めぐみさんの記事や視聴覚教材を通して、横田さんの家族の人生の歩みを知ることで自らの生き方や家族の一員としての在り方を主体的に考える。

3 NIEとしての狙い

社会の縮図とも言われる新聞の活用により、過去や現在の出来事、人々の生き方や意見に触れ、自らの生き方を振り返ることができる。自分の考えや思いを発信することで主体的に学習に取り組むことができ、道徳的な心情、判断力、実践意欲と態度の育成につながる。

4 本時の展開

時	主な発問	学習活動／○生徒の反応	留意点／○資料等
導入	・この少女は誰でしょう	▶ポスターの少女について想像する ○「見たことない」「誰だろう」「中学生かなあ」「北朝鮮に拉致された女の子かも」	・ポスターの写真は、1977年の正月に父によって撮影されたものだと伝える（資料1）
展開	・少女について知ろう	▶横田めぐみさんの拉致事件について知る ○「こんな出来事があったとは信じられない」「めぐみさんがかわいそう」「生きていてほしい」	○政府拉致問題対策本部制作のDVD
	・拉致被害者家族の気持ちを知ろう	▶記事からめぐみさんを探し続けている家族の思いを知る ○「父親の思いはめぐみさんに届いているはず」「娘の生存を願う親の気持ちはすごい」	・教師が新聞記事（資料2）を範読し、生徒はマーカーで線を引きながら読む
まとめ	・自らの生き方について考えよう	▶めぐみさんと家族の人生の歩みについて、感想や考えを伝え合う ○「あたり前の生活が幸せなことだと感じた」「家族と過ごす時間を大切にしたい」	・感想や考えをワークシートに記入させる ・学校行事の立志式に向けて、自らの生き方を考えることを確認する

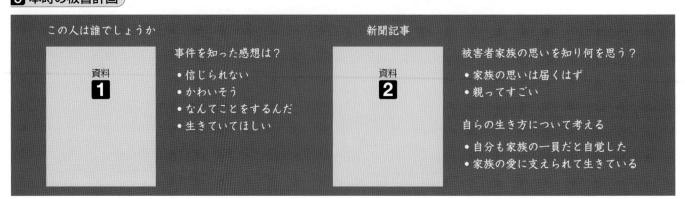

5 本時の板書計画

この人は誰でしょうか

資料 1

事件を知った感想は？
- 信じられない
- かわいそう
- なんてことをするんだ
- 生きていてほしい

新聞記事

資料 2

被害者家族の思いを知り何を思う？
- 家族の思いは届くはず
- 親ってすごい

自らの生き方について考える
- 自分も家族の一員だと自覚した
- 家族の愛に支えられて生きている

6 資料等

資料1 ポスター

必ず取り戻す！
めぐみ、お母さんがきっと助けてあげる。
めぐみがいなくなって長い年月が経ちました。
同じように助けを求めている拉致被害者がたくさんいるのです。
横田早紀江
初めて母親の着物に袖を通した横田めぐみさん（当時12歳）。1977年1月新潟市の自宅前で父 滋さん撮影。
日本政府は、北朝鮮に対し、認定の有無にかかわらず全ての拉致被害者を一刻も早く帰国させるよう強く求めています。
政府 拉致問題対策本部

資料2 産経新聞2020年6月6日付朝刊

めぐみに会いたい 最期まで

横田滋さん死去

父の覚悟 実名で拉致解決訴え

「会いたい」「がんばる」―。5日に87歳で亡くなった横田滋さんは、最期まで、家族の励ましに応えたという。平成30年4月に体調不良で入院し、晩年は意識がはっきりしない時期もあったが、娘のめぐみさん(55)＝拉致当時(13)＝と元気な姿で再会しようと命の炎を燃やし続けた。

（1面参照）

滋さんにとって、救出運動は身を削られるような決断と忍耐の連続だった。9年1月、めぐみさん拉致の事実が判明すると、家族が「危険だ」と躊躇する中でただ一人、実名の報道に応じる決断をした。「実名を出さないと意味がない」。匿名では信憑性が薄く、世論に伝わらないと考えたからだった。

講演1300回

同年3月に結成された被害者の家族会では代表に就任。妻の早紀江さん(84)ら家族と全国を回り、救出を訴えた。拉致自体を信じてもらえない時期もあり、署名用紙をのせたボードを通行人にたたき落とされることもあった。

だが、めぐみさん拉致事件が社会に浸透し始めると、署名は1年で100万筆を超えた。滋さんの娘への深い愛情と、ひたむきな姿は救出運動の象徴となり、拉致解決を求める声を全国に広げる大きな契機になった。

19年11月、血液の難病や体力の衰えなどを理由に代表を退いた後も、スポークスマン的存在として全国の集会や講演に出席。講演回数は1300回を超えた。

体調を心配した周囲が控えるよう言っても、依頼を断ることはなかった。「拉致事件を解決に導く最大の原動力は世論だ」と信じていたが、晩年はパーキンソン症候群のため体が硬直していった。思うように言葉が出なくなり、集会や記者会見などへの出席を見送ることが増えていった。

病を抱えながら

体調がすぐれなくてもできる限りの活動を続けた。全国に配信するビデオメッセージを作成。言葉を出しやすくするため、リハビリを兼ねた筋力トレーニングと発声練習をしてから、収録にのぞんだ。「もうやめる？」。汗ばみ苦しそうな姿を早紀江さんが心配しても「大丈夫」とほほえんだ。

「めぐみちゃんがすぐ隣まで来ている気がする。早く会いたいです」。入院直前に収録した動画は数十秒ほどのメッセージだが、1時間近く言葉に詰まりながら、懸命に撮り直しを重ねて完成させたものだった。

30年4月、食事がのどを通らなくなった滋さんは入院。点滴で栄養を補っていたが、十分ではなく、管を通して胃に直接栄養を入れる「胃瘻」の処置に踏み切った。口から食べ物や飲み物を取れなくなることに、家族はためらったが、「少しでも元気な姿で再会させたい」と決断した。

写真の笑顔支え

体調は上向いたものの令和2年初めごろから、胃瘻でも栄養がとりにくくなり点滴を再開した。容体は一進一退を繰り返し意識がはっきりしない日もあった。生前の滋さんがめぐみさんと同様に気にかけていた存在がある。めぐみさんが北朝鮮で産んだ孫娘、キム・ウンギョンさんだ。平成26年3月、モンゴルで面会を果たし、報告の記者会見では喜びを語った。だが、この面会も、ウンギョンさんの存在が分かってから実現まで10年以上を要した。

北朝鮮から訪朝を呼び掛ける動きがあったが、めぐみさんの「死亡」を既成事実化される恐れがあり、第三国で面会が実現するまで滋さんは会いたい思いを押し殺した。孫に会うことすらままならない「非日常」もまた、北朝鮮によって生み出されたものだった。

晩年、病室のベッドで滋さんを励ましたのはめぐみさんの笑顔だった。幼いころの姿。北朝鮮から届いた大人の姿。ベッドの近くに飾られた写真の中の笑顔を見つめ、「会いたい、がんばる」と希望を捨てなかった。その思いが揺らぐことは最期までなかった。

横田めぐみさん拉致と滋さんの主な足跡

昭和52年11月15日	新潟市で中学校から帰宅する途中に北朝鮮工作員に拉致される
平成9年1月21日	北朝鮮に拉致されたとの情報が横田さん夫妻に寄せられる
2月 3日	産経新聞がめぐみさんの拉致疑惑を実名で報じる。国会でも質問があり橋本龍太郎首相は「捜査当局で所要の捜査が厳重に行われている」と答弁
3月25日	横田滋さんを代表に「北朝鮮による拉致被害者家族連絡会」（家族会）が結成
14年9月17日	日朝首脳会談で北朝鮮の金正日総書記が拉致を認め謝罪。めぐみさんを「死亡」と説明
10月15日	蓮池さん、曽我さんら日本人拉致被害者5人が羽田空港へ帰国
16年11月	日朝実務者協議で北朝鮮がめぐみさんの「遺骨」を提示、めぐみさんの「死亡日」も訂正した。遺骨は後に別人のものと鑑定される
19年11月24日	滋さんが家族会代表を退任
26年3月10日～14日	横田さん夫妻と、めぐみさんの娘、キム・ウンギョンさんがモンゴルで初めて面会
30年4月	滋さんが療養のため入院

父 横田

横田めぐみさんの拉致が発覚し、新潟市の街頭で被害者の救出を呼びかける横田夫妻。「父 横田滋」「母 横田早紀江」と書かれたたすきをかけ思いを訴えた ＝平成9年、新潟市

(上)日朝首脳会談で横田めぐみさんが「死亡」と伝えられた直後の会見で、早紀江さんは救出をあきらめない思いを語り滋さんは涙にくれた ＝平成14年9月17日、国会内

(下)初節句を迎えた待望の長女、横田めぐみさんにほほを寄せる父の滋さん ＝昭和40年3月、名古屋市の自宅

先日から入院していた夫の横田滋が本日(令和2年6月5日)午後2時57分、老衰のため息を引き取りました。

これまで安倍総理大臣をはじめ多くの方々に励ましやご支援をいただきながら、北朝鮮に拉致されためぐみを取り戻すために、主人と二人で頑張ってきましたが、主人はめぐみに会えることなく力尽き、今は気持ちの整理がつかない状態です。

報道関係者の皆様におかれましては、主人との最後の時間を大切に過ごし、心安らかに見送ることができますよう自宅及びその周辺・葬儀会場及びその周辺における取材や写真撮影はご遠慮いただきますようお願い申し上げます。お電話での取材もご遠慮願います。

葬儀等終了後に、改めてご報告の機会を設けたいと存じますので、それまでは何卒、私共の心情をお察しいただき、御配慮のほど宜しくお願い申し上げます。

令和2年6月5日
横田早紀江
横田拓也、哲也

飯塚代表「大変残念に思う」

拉致被害者家族会代表の飯塚繁雄さんは5日、支援団体「救う会」を通じ「だからこそ『家族が元気なうちに早く！』と訴えてきた。その意味で大変残念に思う」とのコメントを出した。

コメントで飯塚さんは「救出運動が長くかかっている中、こういう状況が出てくるのは当然で、いつかは来ることだ。われわれは覚悟しながら活動してきた」と述べた。

本事例のNIE
新聞活用・新聞機能・新聞制作

事例のアクティブラーニングの重点
主体的・対話的で深い学び

特別の教科 道徳

新聞がつなぐ思いやりと感謝の心

1 主題名　感謝を伝える（内容項目：B）

2 本時の目標　実際に起こった出来事を通して、家族や多くの人々の善意により日々の生活や現在の自分があることに気付き、感謝するとともに、進んでそれに応えようとする実践意欲を育む。

3 NIEとしての狙い　新聞記事に取り上げられた実社会の具体的なエピソードを通して、切実感をもって道徳的価値に気付かせる。

4 本時の展開

	主な発問	学習活動（○生徒の反応）	留意点（○資料等）
導入	•大切なものを落としたり、なくしたりした経験はあるか •そのときは、どんな気持ちだったか	▶大切なものをなくした経験を書く ○「スマホを落とした」「財布をなくした」 ▶そのときの気持ちを書く ○「悲しい」「困った」「どうしてよいか分からない」	•誰にでもある、大切なものを紛失した経験を想起させ、状況により、困ったときの感情がさまざまであることに気付かせたい
展開	•なぜこの記事が新聞に掲載されたのか •次の４つの場面での高校生と医師の気持ちを想像し、話し合おう	▶資料1を読み、記事掲載の理由を予想する ○「２人の思いやりと感謝の気持ちが、読者の心に響く、よい話だったから」 ▶資料23を読み、場面ごとの、沖縄の高校３年生と埼玉の医師の心情を考え、話し合う Ａ：高校生が困っているとき Ｂ：医師がお金を貸すとき Ｃ：新聞記事を読んだとき Ｄ：高校生と医師が再会したとき	○資料1～3 •記事は教師が範読する •Ｄの場面では、高校生は感謝、医師は思いやりをもって行動していることに気付かせたい •特にＤの場面での意見交換を十分にさせるようにする •新聞にも心温まる出来事が掲載されていることに気付かせたい
まとめ	•記事中に記載はないが、大切な役割をした人は誰だと思うか（教師から説話）	▶大切な役割を果たした他の人を考える ○「財布を拾って届けた人だ」「最初の記事を書いた記者だ」	•多くの人の善意により、このような結果になったことを押さえる •多くの人の善意に支えられた日常生活に気付き、感謝を伝える大切さを実感させたい

5 本時の板書計画

「感謝を伝える」
○大切なものをなくしたときの気持ち
•スマホを落として、困った
•財布をなくして、途方に暮れた

資料 1

（掲載された理由）
•高校生がお願いした
•新聞は多くの人に伝えることができる
•記事になるような話題だ

資料 2　資料 3

Ａ：困っているとき
高校生「どうしよう財布がない」
医師「困っているようだ」
Ｂ：お金を貸すとき
高校生「信じられない」「有り難い」
医師「助けたい」「だまされてもいい」

Ｃ：新聞記事を読んだとき
高校生「この記事を読んでほしい」
医師「これは、私のことだ」「感謝してくれていたんだ」「うれしい」
Ｄ：２人が再会したとき
高校生「素晴らしい人だ。感謝を伝えたい」
医師「沖縄の人は素晴らしい。満足だ」

私たちは多くの人の善意に支えられており、感謝の気持ちを忘れず、恩に応えたい

6 資料等

資料1 琉球新報
2019年5月10日付

恩人 捜しています

崎元颯馬さん(17)
沖縄工業高2年

借りた飛行機代で帰郷

航空券代を貸してくれた男性を捜している沖縄工業高2年の崎元颯馬さん＝9日、那覇市松川の同校

航空券を購入するためのお金を貸してくれた親切な男性にお金を返してお礼がしたい—。4月24日、与那国島でのおじの葬式に参列するため那覇空港へ向かう途中で財布をなくした沖縄工業高校2年の崎元颯馬さん(17)は、航空券の代金6万円を貸してくれた男性を捜している。「親しかったおじの納骨に立ち会えた。本当に感謝している」。崎元さんは男性と再会し、当時言葉にできなかった感謝の思いを改めて伝えたいと願っている。

「感謝、直接伝えたい」

崎元さんは与那国町出身。町内であったおじの葬式に参列するため、沖縄都市モノレールの安里駅から那覇空港へと向かった。その時、財布には航空券購入に必要な6万円が入っていたという。しかし那覇空港駅に到着したところで財布がなくなっていることに気付く。車両内で動揺していると、60代か70代で体格の良い白髪の男性が声を掛けてきた。崎元さんは男性に事情を説明し、財布をなくしたことを話した。

男性は高校や住んでいる場所、いくら必要なのかを尋ね、お金を渡そうとしたが、崎元さんはいったんは「お気持ちだけでありがたいです」と返答。しかしモノレールの発車合図と同時に男性は「こっちへ来い」と声を掛け、2人はホームへ出た。そこで男性は財布から6万円を取り出し、崎元さんへ渡したという。

「お金を受け取った時は感情がこみ上げ、言葉にできなかった」と涙ぐみながら振り返る崎元さん。駅を離れてから、男性に名前や連絡先を尋ねていなかったことに気付いた。後日、財布は見つかったが、連絡先を聞き忘れたことを申し訳なく思っているという。

崎元さんは男性と再会し、直接お礼を言ってお金を返したいと考えており、連絡を呼び掛けている。

問い合わせは沖縄工業高☎098（832）3831。

（下地陽南乃）

資料2 琉球新報
2019年5月11日付

高校生救った恩人判明

埼玉の県系医師・猪野屋さん「信じて良かった」

恩人が見つかって喜ぶ崎元颯馬さん＝10日、沖縄工業高校長室

崎元颯馬さんに航空券代6万円を貸した猪野屋博さん（本人提供）

与那国島でのおじの葬式に参列するため那覇空港に向かう途中で財布をなくした沖縄工業高校2年の崎元颯馬さん(17)が、航空券の代金6万円を貸してくれた男性を捜していた件で、貸し主の男性が10日、見つかった。男性はイムス三芳総合病院（埼玉県）に勤める脳卒中神経内視鏡センター長の猪野屋(いのや)博医師(68)。ネットの記事を読んだ同僚から崎元さんが捜していることを知らされた猪野屋さんは「信じていて良かった」と声を弾ませた。

学校を通して連絡を受けた崎元さんは「安心、ほっとしたと同時に当時の感情が込み上げてきた。お礼を伝えることができてうれしい」と喜んだ。

猪野屋さんは母親が沖縄出身。首里高校を卒業後、新潟大に進学。医師としては県立那覇病院、豊見城中央病院に勤務経験もある。現在も月に1回程度、来県している。今月も20日から沖縄を訪れ、崎元さんや学校関係者と面談する予定。

2人が出会ったのは4月24日早朝。航空券を買うお金が入った財布をなくしたことに気付いた崎元さんがモノレール車両内でうなだれているところに、対面に座っていた猪野屋さんが声を掛けた。崎元さんから事情を聞いた猪野屋さんは「うそをついているかもしれない」と一瞬思ったが、「だまされてもいい」と6万円を手渡し、崎元さんを出発便へ急がせた。

埼玉に戻ってから勤務先などでこの話をすると「先生、だまされていますよ」と言われた。だからこそ、崎元さんが猪野屋さんを捜していると知ったときに「やっぱり正直者だったんだ」と涙が出た。

猪野屋さんには19～21歳まで3人の子どもがおり、南城市の久高島留学センターで山村留学していた。「子どもたちは沖縄で生き方を学んだ。沖縄の人たちにもお世話になった。何か恩返しがしたかった」と語る。「沖縄の人たちはやっぱり優しい。それが分かっただけで今回のことは満足」と声を震わせた。

崎元さんも「猪野屋さんの優しさがなければ葬式にも参列できず困っていたはず。猪野屋さんの行動は人生のお手本だ。今回の経験を生かし、私も将来他の人に同じような優しさを分け与えられるような大人になりたい」と話した。

資料3 琉球新報
2019年5月22日付

感謝の言葉 直接伝える

与那国島でのおじの葬式に参列するため那覇空港に向かう途中で財布をなくした沖縄工業高校2年の崎元颯馬さん(17)は、航空券の代金6万円を貸してくれた埼玉県の医師、猪野屋博さん(68)と21日、那覇市松川の同校で「再会」を果たした。念願の対面が叶った崎元さんは「直接お礼が言えて本当にうれしい」と感謝を述べた。

沖工2年崎元さん 航空賃工面「恩人」と再会

崎元さん「困っている人に声掛けたい」
猪野屋さん「尊厳を大事にしてくれた」

贈られた文鎮を手にする猪野屋博さん（左）と財布を手にする崎元颯馬さん＝21日午後、那覇市松川の沖縄工業高校

2人は握手を交わし、崎元さんは猪野屋さんに借りた6万円の入った封筒と授業で作った文鎮を手渡した。猪野屋さんは再会の記念に「もう無くさないでね」との思いを込め、崎元さんに財布を贈った。

この出会いをきっかけに、崎元さんの出身地、与那国島へも行ってみたいという。

イムス三芳総合病院（埼玉県）に勤め、たびたび来県する猪野屋さん。お金を貸そうか迷っていた当初は「信じていいものか迷っていた」と当時を振り返った。改めて崎元さんに会った印象を「同僚にこの話をすると笑い話にもされ大変だった。でも信じていた通り、しっかりしている子だ」と話した。

崎元さんは「この経験を生かして、将来は困っている人に声を掛けられる大人になりたい」と話し、猪野屋さんは「他人への批判などが多い世の中だが、彼の行動はお互いの尊厳を大事にすることを身をもって表してくれた」と思いを語った。

特別の教科 道徳

命をつなぐ決断

1 主題名　つながる命「命のトランジットビザ」(内容項目：D)

2 本時の目標

先人（杉原千畝さん、中村哲さん）が1つの決断から多くの人の命を救った話や関連する記事を読み、困っている人に対してどのようなことができるかを考え、国を問わず命を大切にし、行動することができる心を育てる。

3 NIEとしての狙い

福岡県出身の医師・中村哲さんのアフガニスタンでの活動に関する記事を読み、なぜ中村医師が多くの人に尊敬されたのかを考える。中村医師が伝えたかったことに思いをはせ、国を問わず人の命を大切にする心を育てる。

4 本時の展開

	主な発問	学習活動／○生徒の反応	留意点／○資料等
導入	•生き方や考え方について、あなたならどちらを選ぶか	▶究極の二択（留意点参照）について判断し、理由も考える ○「みんな同じかと思ったら意外と分かれていたから驚いたし、理由がおもしろい」	•導入としてテンポよく、いくつかの二択を行うことで関心を高める（例：学力 vs 人格、自由 vs 規律、有名 vs 無名、など）
展開	•戦時中、リトアニアの領事館で杉原さんはどんな選択肢から、どう決断したのだろう	▶ドイツの迫害によりビザを求める人々を前に、どんな決断を迫られたのかを考える ○「ユダヤの人々を救いたいが、ビザを発行すると家族が心配。迷ったと思う」	•ユダヤの人々が置かれた状況について補足説明する •個々の意見を位置付けて見える化する
	•自分が杉原さんの立場ならどうするだろう	▶自分ならどんな決断を下すかを考え、意見を交流する ○「決まりだから発行しない」「大切な家族のために発行しない」「見捨てたら後悔するから助ける」	•多様な意見に触れるため、理由も併せてノートに記述させ、全体で共有する
	•中村医師はなぜ現地の人々に尊敬されているのだろう	▶記事を読み、多くの人から尊敬されている理由を考える ○「用水路を作り、人々を助けたから」	•医師である中村さんが、なぜ用水路を作る決断をしたのかを考えさせる ○資料1
まとめ	•記事を読んで振り返りを書こう	▶中村医師の遺した言葉から考えたことを振り返りシートに書く ○「大きな決断をする時は周りのためになる方を選ぼうと思った」	•記事を読む際、教師があえて語らないことで、記事の言葉が心に残るようにする ○資料2

5 本時の板書計画

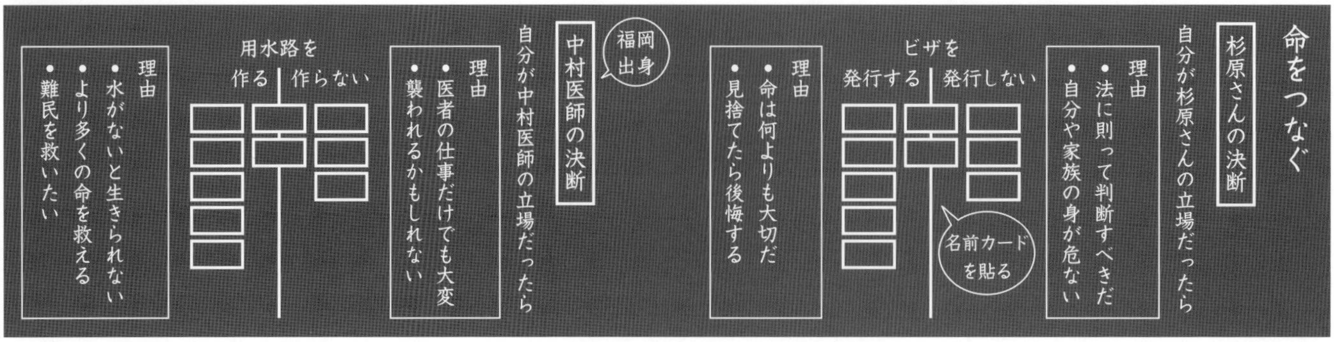

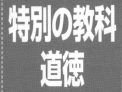

6 資料等

資料1
西日本新聞 2020年3月10日付朝刊

もの知り こどもタイムズ

砂漠を緑にかえたお医者さん ❶

「命の水」をひく

中村哲先生の物語

病気になったときに病院がなかったらどうしますか？　水がないとあなたの生活はどうなりますか？

日本から遠く離れたアフガニスタンという国には、病院も水もない場所があります。福岡県で生まれ育った中村哲先生というお医者さんは、ここでくらす人たちを助けるための仕事（人道支援）をしてきました。

この国では戦いがつづき、水も足りなくなりました。のどはからから、畑の野菜もかれて食べ物がなくなり、生きるのが大変でした。子どもも大人も体が弱って病気になり、次々と患者さんが病院にやってきました。

「病気を治す前に水がいる」

そう考えた中村先生は井戸をほり、大きな川から村に水をひくための通り道「用水路」をつくる工事までするようになりました。そのおかげで草も生えない砂漠に水が流れ、小麦や野菜、くだものがとれるようになりました。人々は食べ物に困らなくなりました。

中村先生は砂漠を豊かな自然の緑にかえ、人々の命を助けたのです。

ところが2019年12月4日、ジャララバードというところで中村先生は銃でうたれて亡くなりました。73歳でした。同じ車に乗っていたアフガニスタン人5人も亡くなりました。

日本人もアフガニスタン人もたくさんの人が泣きました。だからといって、悲しんでばかりもいられません。アフガニスタンにはまだ水がないところがあります。先生の仲間たちは今も用水路の工事を続けています。畑で野菜を育て、はちみつ作りもしています。

たくさんの人が中村先生をお手本にしています。一人でも多くの人が安心してくらせる世界になるように、それぞれが、それぞれの場所で自分にできることをがんばっています。

中村先生がアフガニスタンでしたことや、伝えたかったことを6回にわけて紹介します。

（このお話は文字を大きくしています）

中村先生の遺体が入ったひつぎを持つアフガニスタンのガニ大統領（まんなか）。たくさんの人が中村先生を尊敬していました ＝2019年12月7日（共同）

いっしょに仕事をするアフガニスタンの人たちと話をする中村先生 ＝2014年

ガンベリ砂漠は、幅4km、長さ20kmもあります。ここを通ると迷子になり、強い太陽のひざしで命をおとす人もいるあぶない場所でした ＝2008年

⇩

川の水をひくための通り道「用水路」ができたおかげで、畑の野菜も木も元気に育つようになりました＝2019年4月
※上と下の写真はどちらもPMS（平和医療団）提供

「ナカムラ・ムスリムヤール」という名前がつけられた赤ちゃん。中村先生が亡くなって2日あとに生まれました。お父さんのサミウラさんは「中村先生のように、人のためになることをする人になってほしい」と思い、「ナカムラ」の名前を選びました　（共同）

ダウンロードできますよ

この記事は、西日本新聞の中村哲医師特別サイトからダウンロードできます。中村先生を描いた漫画なども公開していく予定です。学校の授業や自宅学習に役立てていただければうれしいです。

★こどもタイムズ編集部　・ＦＡＸ　092(711)5564　・メール　kodopon@nishinippon-np.jp　・フェイスブック　facebook.com/shiritai

資料2
朝日新聞 2020年11月6日付朝刊

中村哲医師の志 今に伝える

長女「たくさんの善意があり父は活動」

アフガニスタンで人道支援に取り組み、昨年12月4日に凶弾に倒れた中村哲医師の一周忌を控え、県庁で5日、生前の現地での活動を伝える写真展が始まった。用水路建設や干ばつ時の食糧支援、医療支援の様子などを、写真約200点で振り返る。11日まで（平日のみ）。

5日には、中村医師の長女秋子さん(40)と、中村医師が現地代表を務めた「ペシャワール会」の古川正敏事務局長(73)が、写真1枚1枚をじっくりと見てまわった。秋子さんは「父が長い間活動してきたのが伝わってきた」。中村医師が亡くなってから秋子さんも活動に携わるようになったといい、「たくさんの善意があって父の活動が続き、誰かの役に立っている。これからも続いてほしい」と話した。

中村哲医師の活動を記録した写真を見る長女秋子さん（中央）やペシャワール会の古川正敏事務局長（右端）ら＝県庁

一周忌控え写真展■追悼・報告会も

古川さんは、中村医師の死後、国内外の各地から援助が寄せられたことがありがたかったという。「用水路や灌漑、農業、医療事業を自分たちの手でやっていくと中村医師が話していた。実現に向けてやっていきたい」と決意を新たにしていた。

写真展は30日〜12月6日に福岡市のアクロス福岡でも開催。2カ所とも、現地での医療支援活動にあたる「PMS」とペシャワール会を支援するため、募金箱を置く。

これとは別に、追悼会や活動報告会なども多数企画されている。

23日午後2時から、九州大学椎木講堂（同市）でペシャワール会による追悼の会を開く。参加無料、要予約で先着千人。詳細は会のホームページ（http://www.peshawar-pms.com/）。問い合わせは事務局（092・731・2372）。

春日市大谷6丁目の市ふれあい文化センターでは、7日午後2時から「中村哲医師をしのぶ会」がある。中村医師の著作の朗読、中村医師とアフガンで働いた人の講演、DVD上映など。参加費300円で要予約。問い合わせは筑紫ペシャワール会の古賀さん（090・4340・8164）。

28日には、新型コロナウイルスの影響で延期となっていた中村医師の活動報告会もあり、オンライン視聴での参加を募っている。希望者はメール（regaff@pref.fukuoka.lg.jp）に名前、ふりがな、所属団体名、電話番号を記載して26日までに応募する。

12月5日には、福岡市立中央市民センターで、中村医師が亡くなる直前に東亜大学（山口県下関市）で行った講演の録画上映会がある。定員250人。15日までにメール、往復はがきなどで申し込む。主催の市総合図書館は、メールアドレスに誤りがあったとして訂正した。正しくは（event_chuo@toshokan.city.fukuoka.lg.jp）。

総合的な学習の時間

魅力的な大人を紹介する新聞を作ろう

1 小単元名　**魅力的な大人――建築家・坂茂さんに学ぶ**（4時間扱い）

2 本小単元の目標　世界的建築家である坂茂さんに関する記事を読み、人物像を自分なりに捉えることで、自分の生き方や進路・職業選択において参考にしたいことは何かを考える。

3 NIEとしての狙い　特定の人物を取り上げた複数の記事を読ませ、多面的・多角的に人物像を捉えさせることで、人の生きざまを考える材料としての新聞の価値に気付かせる。さらに学んだことを踏まえて「人」をテーマにした新聞を創作させる。

4 本小単元の展開（4時間）

時	主な発問	学習活動／○生徒の反応	留意点／○資料等
1（本時）	•坂茂さんに関する記事から読み取れた事実や疑問、感想を伝え合おう	▶ワークシートを使って記事を要約し、疑問や感想を班で出し合う ○「こんな有名人が、自分の住んでいる町に関係していて驚いた」 ▶坂茂さんの人物像から自分の生き方の参考にしたいことを一言ずつ発表する	○資料**1** **2** •坂茂さんに関する複数の記事を用意し、各班に1つずつ割り当てる •全体で交流しながら、坂茂さんの人物像をクラゲチャートで捉えさせる（資料**3**）
2	•自分の近くにいる、魅力的な大人をオリジナルの新聞で紹介しよう	▶地元に住む、魅力を感じる大人を紹介する新聞を作るためのコンセプト、記事の内容、レイアウトを考える ○「身近な大人で魅力を感じる人が意外に多いので迷う」「インタビューや写真があった方が、記事に説得力が出る」	•ワークシートに記入しながら、新聞の下書き案を立てさせる •取材にはアポイントメント、目的や見通しの説明、了承が必要なことを指導する •魅力を感じる大人を取材し、次時までに新聞の下書きを準備するように伝える
3	•伝えたいことが伝わるような新聞を作ろう	▶記事の見出しやレイアウト、写真やキャプションの効果を考える ○「トップ記事とのバランスも重要だ」「見出しは目立たせなければいけない」	•一番伝えたい言葉を生かしてトップ記事の見出しを決めさせる •台紙に清書させる（資料**4**）
4	•発表しよう ――います！「坂茂さん」みたいな魅力的な人	▶1人ずつ発表し、感想を交流する ○「知っているつもりの人が、ますます魅力的に思えた」「近くにこんな素敵な大人がたくさんいる」	•1人1分で発表させる •全員の発表後、感想を交流してまとめる •取材した方に新聞のコピーを届ける

5 本時の板書計画（第1時）

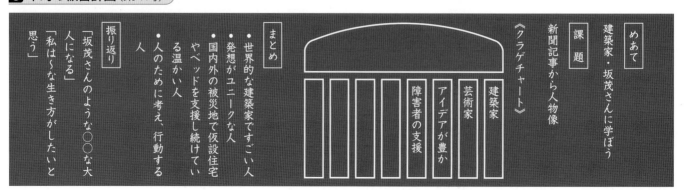

めあて
建築家・坂茂さんに学ぼう

課題
新聞記事から人物像

《クラゲチャート》
建築家
芸術家
アイデアが豊か
障害者の支援

まとめ
•世界的な建築家ですごい人
•発想がユニークな人
•国内外の被災地で仮設住宅やベッドを支援し続けている温かい人
•人のために考え、行動する人

振り返り
「坂茂さんのような○○な大人になる」
「私は～な生き方がしたいと思う」

6 資料等

資料1 大分合同新聞 2020年10月26日付

県立美術館５周年イベント
設計の坂さんらアート語る

㊤トークイベントで県立美術館の在り方を話し合う参加者。（左から）坂茂さん、小野正嗣さん、井上洋一特別顧問㊦多くの人でにぎわう歩行者天国＝25日

大分市寿町の県立美術館（OPAM）は25日、開館5周年の記念イベントを開いた。式典の他、同館前の国道197号を歩行者天国にした「カドウ建築の宴・in OPAM」があり、多くの来場者でにぎわった。4月に予定していたが新型コロナウイルス感染拡大を受けて延期していた。同館であった記念式典には関係者ら約150人が出席。広瀬勝貞知事らが「多くの人の支えで5周年を迎えることができた。これからも県民に親しまれて共に成長する美術館になってほしい」とあいさつした。

同館を設計した世界的建築家・坂茂さん、芥川賞作家の小野正嗣さん（佐伯市出身）、井上洋一同館特別顧問によるトークイベントがあり、コロナ禍で「新しい日常」が求められる中で、どのように社会に開かれた美術館にしていくかなどを話し合った。

歩行者天国では、県内のアーティストによるワークショップがあった。飲食店のブースも並び、来場者は芸術文化と食欲の秋を満喫した。

2015年4月の開館以来の来場者数は累計約294万人（19日現在）。17年の「ジブリの大博覧会」の来場者数（約19万4千人）は半世紀ぶりに県内展覧会来場者記録を塗り替えた。現在は「おおいた障がい者アート展vol・2あやなすひかり」を開催中（11月1日まで）。30日から日田市出身の洋画家・宇治山哲平の展覧会を予定している。

（小田原大周）

資料2 ワークシート

2020/10/27TUE

「「行動する建築家　坂茂さん」に学ぶ」ワークシート①

番　氏名＿＿＿＿＿＿

学習の流れ　1時間目　…　坂茂さんに関する新聞記事を読み、考える。

□1　学習のめあてと手立ての確認　□2　新聞記事の疑問と感想のメモ
□3　班活動（感想などの交流と発表準備）　□4　全体交流
□5　まとめ（もう一度、個人で思考）

2時間目　…　道徳の教科書教材「行動する建築家　坂茂」を読み、考える。

□6　振り返り（自分の生き方や進路・職業選択で参考にしたいこと等）

学習のめあて

☆　新聞記事を読み、考えよう。　…　記事番号【　　】＿＿＿＿新聞　　年　　月　　日（　）

見出し	
記事の要約	

メモ	〈自分の考え〉	〈メンバーの声〉
新聞に取り上げられた理由		
疑問		
感想		

《全ての発表を聞いて思ったこと》

《振り返り》…　心に残ったこと、自分の生き方や進路・職業選択等の参考にしたいこと等。

資料3 ワークシート

2020/10/27TUE

「「行動する建築家　坂茂さん」に学ぶ」ワークシート②

番　氏名＿＿＿＿＿＿

クラゲチャート　…　足の部分に新聞記事からの情報を、頭部に**坂茂さんの人物像**を箇条書きでメモしよう。

・人のために、建物を築ろうとする優しい人
・ユニークだけど、思いやりがある、あたたかい建物を建築する人
・「OPAM」や「画×クアパーク」「透けるトイレ」など、ユニークで楽しめる建築をする人

新聞	記事からの情報	
①大分合同　5/29	どの様にOPAMを使ったのか？	幅広い分野を手がける建築家
②大分合同　6/27　GX press	地域の人のことを考えたつくり（画×クアパーク）	発想がユニーク
③朝日　7/7	コロナ感染防ぐに有効なつくり	すごい人
④朝日　7/10	被災者に最適な環境ですける	人間を大切にする人
⑤朝日　8/18　※ビデオも参照	透けるトイレになる技術力のすごさ	日本の進化を望む人
⑥朝日　9/26	段ボールベッドで被災者を助ける。	努力家
⑦大分合同　10/24	OPAMを設計	世界的な建築家
⑧大分合同　10/26	・OPAMの設計した。・世界的建築家	

おととい大分市内で行われた歩行者天国の中で行われたOPAMの5周年記念イベントで、作家の小野さんと、コロナ禍で…新しい日常…について…建物をつくりたい…建築への思いが大きい…

資料4 生徒作品

枠の中に作ってください。

大工新聞
私の父は大工！

2020年11月13日

私の父の職業は大工です。毎日自分の作業場で機械などをつかい仕事しています。

私は父が大工になったことについてさまざまな疑問をもっていました。私は父に「そもそもなんで大工になろうと思ったん？」と聞くと、「すーやなあ、小学生のとき工作とか物作りが好きだったからかなあ。」私は「じゃあ中卒した後どうしたん？」私は父から中学卒業した後がとても気になっていました。父は「職業訓練校っちゅう所に入ったな。」父は当時の写真が入ったアルバムを「なつかしいなあ」と言いながら嬉しそうに見ていました。父はその後建築会社に行ったり、堀棟梁の弟子として修行をし、二十九歳で独立しました。何年後かに自分の家を建て、色んな人の家も建ててたりと五十一歳になった今も元気に仕事にはげんでいます。

← お仕事中。

父の軌跡?!と過去やってしまった事

私の家の玄関には、がくぶちに飾られている賞状があります。よく読んでみると、一枚は感謝状、二枚目は「技能祭技能コンクール・県一位」の賞状があり三枚目は「一級技能士検定」の賞状が飾られていました。改めて見るとすごいなあと感じました。父が若かった頃は、失敗したことがたくさんあったそうです。特に多く失敗してしまったことは、木の加工をし忘れたことが多くあったそうです。

父が仕事をしている最中、一番大きなケガは、屋根の作業していて、その屋根から落ちてしまい、あばら骨を二本折ってしまったらしいです。私も父が機械をあつかっているとき、ケガをして血を流しているのを見ていることがありますが「痛そう」って思っていました。父は痛そうな姿をみせて、いるだけでも「痛そう」って思っていたけど、そんな痛そうな姿がまだあったとは思っていませんでした。

父に関する写真集?!

休けい中。

屋根の作業中…。

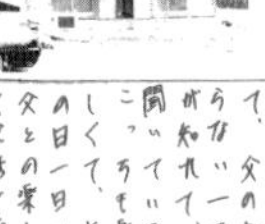

旧・わが家。

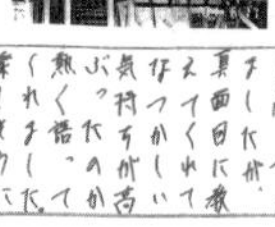

父さん。

二回目の弟と屋根を塗装中。

緑中生へ一言

「今、若い人が建築とか大工とかの仕事につく人が少ないけん、建築関係に関する仕事をやってもらいたいなあて。」と遠くを見つめるかのように言っていました。

私がこの記事を書こうとおもった理由は、普段仕事をしている姿を見ているだけで、よく考えたら、あまり知らないことがあるんじゃないかと思ったからです。それに、みなさんが大工という職業について知ってそうだけど意外と知らないこともあるんじゃないかと思ったからです。私の父に色々聞いてみました。

まとめ

父の話を聞いて、初めは、「あんまり真面目に話してくれなそう。」と思っていましたが、真面目に教えてくれてなつかしい気持ちが高ぶったのか、熱く語ってくれました。楽しそうに語ってくれて、父の知らない一面が知れて、聞いていることがうれしくて、そして、その日一日は父との楽しく会話ができました。

総合的な学習の時間

地域の未来を提言しよう

1 小単元名 徳島の現状と課題から提案しよう――上八万中学校町おこし隊（5時間扱い）

2 本小単元の目標 実社会や実生活の中から問いを見いだし、自分で課題を立て、情報を集め、整理・分析して、まとめ・表現することができる。教科横断的に幅広い視点から地域の未来を考え発信することができる。

3 NIEとしての狙い 情報活用能力を育成するため、新聞を適切に活用した学習活動の充実を図る。新聞を読んで集めた情報を分類・整理し、データベースとして蓄積する。地域の良さを知り、課題に対して解決策を提言し、変化する社会の中で、地域の活性化に貢献する「人財」を育成する。

4 本小単元の展開（5時間）

時	主な発問	学習活動／○生徒の反応	留意点／○資料等
1	・大人になったとき、どのような徳島であってほしいか。集めた情報を分類・整理し、考えをまとめて発信しよう	▶1人1紙を担当し、産業・歴史・文化・教育・交通・観光・医療・福祉・経済・防災・情報等の視点から記事を切り抜き、分類する ○「記事を読まなくても、見出しで記事を分類できる」	・生徒数プラスαの新聞を用意する ・単元構想を伝え、学習活動の見通しをもたせる（資料1） ・多くの情報を切り抜き、分類することにより、データベース化する
2	・自分が伝えたいテーマに関する記事を選び、切り抜きコンクールの作品を構成しよう	▶切り抜きコンクールの作品作りを通して、自分が伝えたいことと、その構成を可視化する ○「徳島の観光をテーマに作品を作ろう」	○切り抜き作品コンクール台紙
3・4（本時）	・集めた記事をデータベースとして活用し、徳島の未来について提案する文章を書こう	▶「自分が伝えたい」かつ「相手が知りたい」話題を選び、幅広い年齢層の人やいろいろな立場の人が読むことを想定して、読者投稿欄に寄稿する文章を書く ▶グループで読み合い、意見交換して、清書する	・「自分が伝えたい／自分は伝えたくない」「相手が興味をもつ／相手は興味をもたない」を軸にとったマトリクスで、「自分が伝えたい」かつ「相手が興味をもつ」にあてはまる話題を選ばせる（板書） ・提案が共感を得られるように、表現を工夫させる
5	・提案をクラスで発表しよう	▶切り抜きコンクールの作品を示しながら、自分の提案を発表する	・作品を投影しながら発表させる（資料2）

※後日、発表内容を新聞社に投書する（資料3）

5 本時の板書計画（第3、4時）

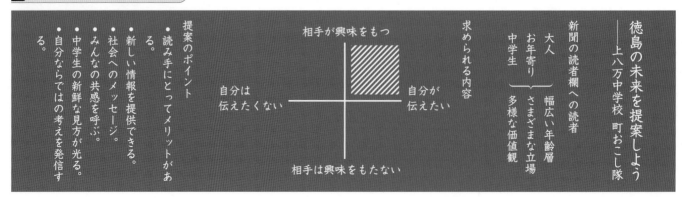

徳島の未来を提案しよう
――上八万中学校 町おこし隊

新聞の読者欄への読者
大人・お年寄り・中学生 ― 幅広い年齢層／さまざまな立場／多様な価値観

求められる内容

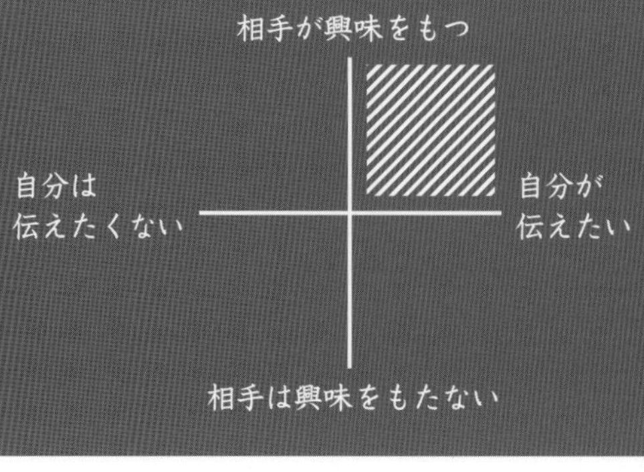

提案のポイント
・読み手にとってメリットがある。
・新しい情報を提供できる。
・社会へのメッセージ。
・みんなの共感を呼ぶ。
・中学生の新鮮な見方が光る。
・自分ならではの考えを発信する。

6 資料等

資料1 単元構想

単元構想
単元「徳島の未来に提案しよう」
―上八万中学校　町おこし隊―
国語科　情報収集・情報処理の基礎
分類整理する
40紙あまりの新聞の記事を，産業・歴史・文化・教育・交通・観光・医療・福祉・経済・防災・情報等に分ける。
データベースを作る
目的に応じて再構成する
令和2年度応募用紙より
考えを発信する
単元「『読者の手紙』に投稿しよう」
単元「徳島の未来に提案しよう」
―上八万中学校　町おこし隊―
総合的な学習の時間
今、私ができること
災害時の避難所運営を考える
特別活動との連携
校外学習で校区の自然や歴史遺産を知る

資料2 生徒作品

徳島新聞 切り抜き 作品コンクール
［専用台紙］
一宮城の魅力を知ろう
郷土文化講座
阿波中世史の諸問題と城館
地域の歴史を象徴
県内420ヵ所 日本史と連動
2019年 7月 8日
一宮城の事を大切だと思っている人がそうじをしてくれていたから今もきれいに残っていると思った。
一宮城に、こんな歴史があるとは思わなかった。
移動編集局 徳島市
八万・上八万・入田
地域の歴史 伝える場所
国指定目指す動き活発化
これからも観光客の人が増えていってほしい。
私たちの先ぱいも実際に行ってみた!
一宮城跡巡る 上八万中生徒
地元名物・史跡を知ろう
2019年 5月 28日
2019年 3月 12日
「続日本百名城」選定
一宮城跡 観光客が急増
パンフ例年200部→本年度既に2000部
保勝会 道整備で後押し
まとめ
一宮城はいろんな人から大切にされているとわかった。私も一宮城に行ってみたいと思った。
一宮城までの道のり

資料3 徳島新聞 2020年10月15日付朝刊

若い声

一宮城の魅力伝えていこう

（徳島市、・13歳・中学生）

私たちの住む徳島県には「続日本100名城」に選ばれている古城があります。それが一宮城です。一宮城跡保勝会が清掃をし、整備してくれているから一宮城が今もきれいに残っているのです。

一宮城は、小笠原一族が一宮を名乗り、阿波の守護の仕事をしていた室町時代に築城された山城です。豊臣秀吉が四国を平定し、蜂須賀家の治世につながっていったとされています。その歴史を伝え後世に残していきたいと思っている人や、一宮城を大切に守ってくれている人がいるおかげで現在にその威容を伝えています。

その一宮城はとってもすてきな場所です。標高があまり高くない上に、道もすごく整備されていて登りやすいと、お年寄りにもすごく人気があります。それに自然石をそのまま積み上げた石垣の武骨さも魅力です。登城ノートに記入した人の9割以上が県外の人で、外国からの観光客もいます。

そんなすてきな場所を私たちの世代まで残してくれた人たちに感謝の気持ちでいっぱいです。一宮城を残し、伝えてくれた人のためにも、私たちはこれからも一宮城の魅力を伝えていきたいと思いました。

持続可能な社会を目指して——新聞×SDGs

1 小単元名 2030年のあるべき世界を見すえて（10時間扱い）

2 本小単元の目標 誰もが住みやすい社会の実現のために、今何が課題なのかを新聞を通して考え、自分たちにできることを見つけて行動することができる。

3 NIEとしての狙い
- 現代社会の問題点や課題についての記事を新聞から切り抜き、その意味をまとめることができる
- 切り抜いた記事を分類し模造紙にまとめることで、課題とSDGsとの関連を考えることができる

4 本小単元の展開（10時間）

時	主な発問	学習活動／○生徒の反応	留意点／○資料等
1	•現代社会の問題点や課題を新聞から見つけよう	▶新聞の役割、記事の読み方や探し方等について説明を聞き、社会の課題や問題だと感じる記事を1人3本切り抜く ▶選んだ理由を付箋に書いて記事に貼り、グループ内で共有する	•新聞社の出前授業を活用するとよい •見出しや写真などを頼りに社会問題を読み取り、複数の記事を切り抜かせる
2・3	•集めた記事を分類し、SDGsの17の目標と関連付けてみよう •2030年、私たちの社会はどうなっているのだろう	▶集めた記事をグループ内で見せ合い、自分たちで定めたテーマに分類し、スクラップ新聞を作る ▶複数のテーマにまたがる記事を線で結ぶ ▶SDGsについて知り、各テーマが17の目標のどれと結び付くかグループ内で考え、目標別のシールを貼る ○「『進む地球温暖化』という見出しにしよう」「派生図にして考えてみよう」「このままだとまずい」「放っておけない」	•付箋に書いた問題や課題の共通点をもとに記事を分類させる（資料1参照） •問題を放置するとどんな影響が生じるかを考え、グループで派生図（ウェビングマップ）を作成させる（資料2） ○国連SDGs啓発動画、SDGs17の目標シール（付箋でも可） •「持続不可能な社会になる」ことを実感し、全体で共有する
4～8（終日実施）	•身近なところで自分たちに出来ることを考え、実際に活動してみよう	•17の目標の中から1つ選択し、実際に自分たちに何が出来るか、実践可能な活動を計画立案する •目標別に編成したグループで実際に活動する	•学校として、これまでに活動経験のある場所を選んだり、連携を図ってきた団体に協力を求めたりする（資料3参照）
	【具体的に立ち上げたグループの活動例】 ○キャベツの芯を使った料理を通して食料廃棄問題を提起　○里山を守り、ハザードマップから災害に強いまちづくりを市に提案　○平和へ寄与する目的でパラリンピックスポーツ体験　○難民の実態把握のため、国際交流施設を訪問して交流会の実施　○駅や学校周辺の環境をマップ化し、まちづくりを提案		
9・10	•自分たちが取り組んだ活動について報告しよう	▶SDGsの達成に向けて自分たちが実践した活動について全校、保護者に発表する	•自分たちの暮らす地域と世界が共通の目標でつながることを実感させたい

6 資料等

資料1 スクラップ新聞

記事を分類しスクラップ新聞を作成する生徒

資料2 新聞記事を元にした派生図

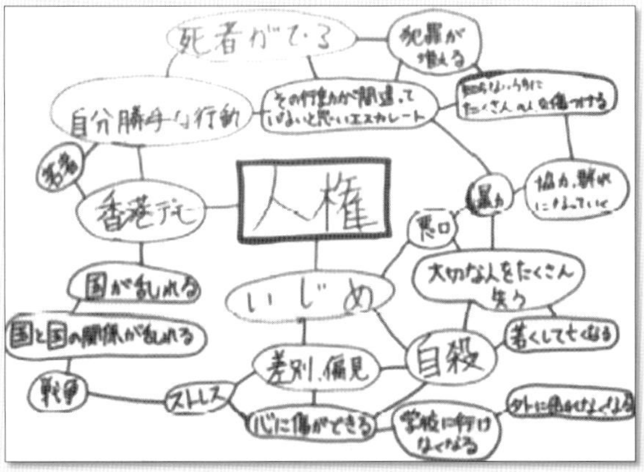

資料3 グループ別活動

スーパーで食品ロス調査をする生徒ら

パラリンピックスポーツ体験をする生徒

里山の自然を調査する生徒

駅前の環境調査をする生徒

総合的な学習の時間

本事例のNIE
新聞活用・新聞機能・新聞制作

事例のアクティブラーニングの重点
主体的・対話的で深い学び

水害への備え——防災・減災を考えよう

1 小単元名 **記事を読んで、豪雨災害に備える「防災新聞」を作ろう**（4時間扱い）

2 本小単元の目標 豪雨災害の被災体験を振り返って、今後の防災対策に生かしていくとともに、減災のために自分たちにできることを考え、発信することができる。

3 NIEとしての狙い 教科書や資料集だけでは、地域の出来事や人々の思いを捉えることができない。地域や社会の出来事を分かりやすく掲載する新聞記事を使う意義はそこにある。記事を読むことで、地域住民の一員として防災に取り組む意識を育みたい。

4 本小単元の展開（4時間）

時	主な発問	学習活動／○生徒の反応	留意点／○資料等
1	•被災した当時を振り返りながら記事を読もう	▶記事を読み、感想を交流する	○資料1 •西日本豪雨災害と同じようなことが熊本でも起きていることに気付かせたい •被災地に生きる当事者として、コラムに込められたメッセージにも気付かせたい
2（本時）	•自分たちにできることを考えよう	▶各自で考えたことを班で共有し、発表する	○資料2 •前時に読んだ記事の内容も踏まえて考えるように伝える
3	•水害を経験していない人に向けて「防災新聞」を作ろう	▶「命を守るために」「水害が明日起こると分かっていたら」「これだけは伝えたい」をキーワードに、「防災新聞」の下書きを書く	•出来上がった「防災新聞」は被災地支援の募金をしてくださった方や他校の生徒などに向けて発信することを伝えておく •自分たちの被災体験も踏まえて、水害を経験していない人に伝えたいことをまとめるように助言する
4	•下書きを推敲（すいこう）して、防災新聞を作ろう	▶前時で書いた防災新聞の下書きを読み合って、直した方がいいところや付け加えるべき点を伝え合う	•お互いに読み合うことで、自分では気付かなかった新しい視点に気付いたり、考えを深めたりすることにつなげたい •完成した防災新聞（はがき新聞原稿用紙を使用）は、校内に掲示して交流を図る（資料3）

5 本時の板書計画（第2時）

水害への防災・減災を考えよう

資料2

目標 新聞記事を読んで、私たちにできることを考えよう。

○水害を体験した当事者としてできること
- 水害の体験を発信する
  →自分たちと同じ経験をしてほしくない
- 防災・減災のために大切なことを伝える
- 体験して初めて分かった必要なものを伝える
- 自分たちの経験を伝承する

○他の水害の被災地に対してできること
- 募金や支援物資を送る
- 励ましのメッセージを送る
  カード・寄せ書き
- 被災を経験した学校と交流をする

6 資料等

資料1 山陽新聞 2020年7月6日付朝刊

仮設生活1281世帯

西日本豪雨きょう2年

岡山県内 半数超が入居延長希望

岡山県内に戦後最大級の水害をもたらした西日本豪雨は6日、発生から2年となった。県内の被災地では、仮設住宅を出て元の住居に戻る人が相次ぐ一方、今も1281世帯2992人が仮設での暮らしを強いられ、さらにその半数を超える711世帯は原則2年の入居期限内に退去できないとして延長を希望している。月日の経過とともに、生活再建への歩みに格差が広がっている。

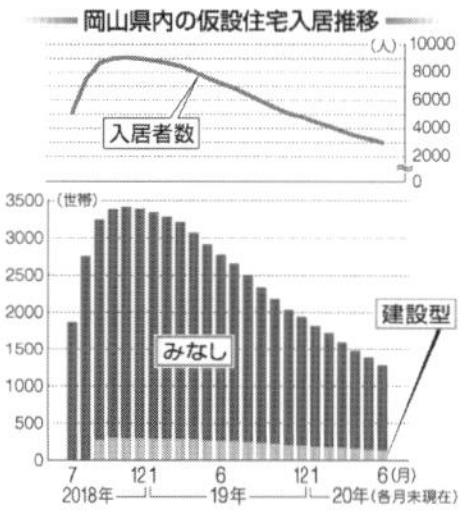

倉敷市真備町地区の仮設住宅。岡山県内では今も1281世帯が仮設住宅での暮らしを強いられている（小型無人機で今中雄樹撮影）

政府は昨年12月、西日本豪雨の被災者が暮らす仮設住宅の入居期限について1年の延長を閣議決定。だが、岡山県内ではその1年が経過した後も約30世帯は資金難などで退去できない見通しであることが県の調査で判明している。期限が何度も延長された2011年の東日本大震災では、仮設住宅での独居高齢者の孤独死が社会問題化しており、心身のケアや孤立を防ぐ取り組みも求められそうだ。

岡山県によると、6月末現在で自治体が民間住宅を借り上げる「みなし仮設住宅」に1146世帯2706人、倉敷、総社市に整備された建設型仮設住宅（計312戸）に135世帯286人が入居。被害の大きかった真備町地区のある倉敷市が計1185世帯と9割余りを占める。既に仮設住宅を退去したのは2293世帯で、その8割が被災前の場所に自宅を再建したとみられる。

一方、入居の延長を希望している711世帯のうち、6月末までに延長申請が認められたのは598世帯。申請の理由は「期限内に自宅を再建できない」が最多の349世帯、次いで「希望する公営住宅が建設、修繕中」が166世帯、「希望する条件の民間賃貸住宅が見つからない」が83世帯だった。新型コロナウイルスの影響で家屋の再建や修繕が進まず、延長を余儀なくされたケースは少なくとも50世帯に上る。

西日本豪雨の他の被災地では、広島県で257世帯589人（今月1日現在）、愛媛県で285世帯611人（6月末現在）が依然として仮住まいで、広島県は100世帯弱、愛媛県は6～7割が期限内の退去は困難としている。

総務省消防庁などによると、西日本豪雨の犠牲者は災害関連死を含めて14府県で計296人（今月5日現在）で、岡山県は89人（うち災害関連死28人）、広島県は149人（同40人）。岡山県で3人、広島県で5人の行方が分かっていない。（大橋洋平）

倉敷、総社市 きょう追悼式

西日本豪雨で大きな被害を受けた倉敷、総社市で6日、市主催の追悼式があり、犠牲者に祈りがささげられる。新型コロナウイルス感染症の対策でどちらも規模は縮小される。

災害関連死18人を含め70人が亡くなった倉敷市は真備町地区の市真備支所（同町箭田）で午前10時から営む。出席者は昨年の4分の1の76人を予定。黙とうの後、伊東香織市長の式辞や遺族代表のあいさつがある。献花と記帳は、6日は式典終了から午後7時まで、7日は午前8時半から午後7時まで同支所で受け付ける。

関連死7人を含む11人が犠牲となった総社市は、西仮設住宅（同市秦）で「2周年式典」を午前8時半から開催。出席者は3割程度に減らし100人規模とする。黙とう、片岡聡一市長の式辞に続き、被災した下原、昭和地区の代表者が復興の歩みを振り返る。復旧・復興に尽力したボランティアに感謝状を贈る。

（太田知二、古川和宏）

滴一滴

〈思ひ出すとは忘るるか 思ひ出さずや忘れねば〉。室町時代の歌謡集「閑吟集」にある。思い出すのは忘れていたからだ。忘れずにいれば思い出すこともない▼被災者は目に焼き付いたあの日の濁流を忘れたことはなかろう。大切な家族を失った人たちはその悲しみを決して忘れることがないだろう。西日本豪雨から2年がたった▼被害が集中した倉敷市真備町地区では徐々に復興が進んでいる。しかし、ピーク時から6割以上減ったとはいえ不自由な仮設住宅暮らしを強いられている被災者は約1200世帯、約2800人に上る▼現地を取材した本紙の連載企画「一歩、また一歩」には悲痛な声があふれている。「今はただ生きとるだけ」と老夫婦がつぶやく。「これ以上、ここにいたら頭がおかしくなる」と訴える母。息子は「首をつった自分の姿を思い浮かべることもある」と▼生活の再建に踏み出せた人と、ますます落ち込んでいく人。この差は時間の経過とともに広がっていく。長引く避難生活で体と心を病む人がいる。打つ手がなく壊れたままの自宅に暮らさざるを得ない人たちもいる▼時の流れは刻一刻と災害を過去へ追いやる。被災者の悩みはさまざまだ。「この人にはどんな支援が必要なのか」。そう問い続けることを忘れてはならない。

2020・7・6

熊本豪雨 死者22人に

心肺停止18人 11人行方不明 2000世帯超孤立

熊本県南部を襲った豪雨で、県は5日、計19人が死亡したと発表した。八代市は、これとは別に3人の死亡を公表し、死者は計22人となった。県内では計18人が心肺停止状態、11人が行方不明となっている。また、球磨村の特別養護老人ホーム「千寿園」で心肺停止状態で見つかった14人はいずれも入所者だったことが判明。残る入所者51人は5日、全員が救助された。被災地では雨が降り、気象庁は6日にかけ強まる恐れがあるとして、さらなる災害の発生に警戒を呼び掛けた。（4、21、23面に関連記事）

球磨川は上流から下流にわたり11カ所が氾濫。国土交通省によると、流域で約6100戸が浸水したとみられる。各地で土砂崩れが発生して道路が寸断された。被害の全容は見えていない。

県によると、5日午前7時時点で8市町村の124集落、2千世帯以上が孤立。このうち、全域が道路不通となっている球磨村で約1400世帯が孤立している。

気象庁によると、6日にかけ局地的に非常に激しい雨が降り、県南部ではわずかな雨でも再び土砂崩れなどが起きる恐れがある。西日本では、局地的に豪雨をもたらす線状降水帯が形成される可能性があるという。

安倍晋三首相は5日、非常災害対策本部で「何よりも人命が第一だ」とした上で「新型コロナウイルス感染症の拡大防止を含めた被災者へのきめ細やかな支援が急務だ」と関係閣僚らに強調した。支援強化に向け、関係省庁横断の「被災者生活なりわい再建支援チーム」の設置を明らかにした。

支援物資について、飲料水や食料のほか、新型コロナ対策に役立つ非接触型体温計や布製パーティション（間仕切り）などを列挙し「プッシュ型で避難所に発送する」と指示。武田良太防災担当相は、激甚災害指定に向けた調査を始めたことを明らかにした。政府は支援のため、即応予備自衛官の招集を閣議決定した。

熊本県などによると、死者は芦北町と人吉市でそれぞれ9人、八代市で3人、津奈木町で1人。県は身元が確認され、遺族の同意が得られた12人の氏名を公表した。心肺停止は県発表分の球磨村16人と芦北町1人のほか、人吉市も1人を発表した。行方不明は球磨村で5人、人吉市で3人、津奈木町で2人、芦北町で1人。5日は、県内14市町村の避難所86カ所に、152人が滞在した。

九州電力によると、県内では5日午後7時時点で約4500戸が停電。球磨村は9割以上の世帯で停電している。

熊本豪雨の主な被害
※地形は国土地理院による

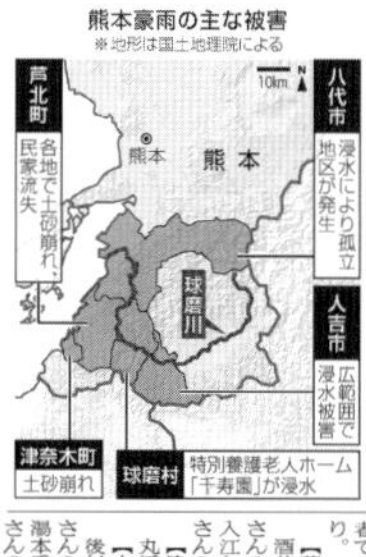

亡くなった方々

熊本県南部の豪雨による犠牲者で、県が発表した方は次の通り。

【芦北町】酒井民子さん(82)▽川田武人さん(72)▽川田節子さん(69)▽入江竜一さん(42)▽入江たえ子さん(69)▽堀口ツギエさん(93)

【津奈木町】丸橋勇さん(85)

【人吉市】後村多佳志さん(62)▽西隆男さん(84)▽井上三郎さん(81)▽湯本秀子さん(61)▽平田千恵美さん(57)

資料2 山陽新聞 2020年7月6日付朝刊

倉敷市支援物資 人吉市に送る

熊本豪雨

熊本県南部の記録的豪雨で、倉敷市は5日、球磨川が氾濫した熊本県人吉市にマスクや消毒液などの支援物資を送った。（1面関連）

マスク1万枚、消毒液が入った1リットルボトル100本、土のう袋2万枚、非接触式体温計10本など。3トントラック1台に積み込んだ。

倉敷市は西日本豪雨の際に熊本県から保健師の派遣などを受けた。市役所であった出発式で、伊東香織市長は現地に派遣する職員4人に「2年前の真備の豪雨災害を見るよう で、人ごとでないと感じる。復旧過程で必要となる物資をいち早く届けて恩返しをしてください」と激励した＝写真。

総社市も6日、人吉市に職員2人を派遣。水、アルファ米、レトルトカレー、土のう袋といった物資を届ける。現地では、昨年の台風19号の災害支援で連携した熊本市と協力し物資を支給する。

赤磐市の職員1人と国際医療ボランティアAMDA（本部・岡山市）の3人も同日、人吉市に向かう。

（山内悠記子、西平亮）

資料3 生徒作品

災害対策

命を守るために

平成三十年七月七日水害で真備町に大きな被害が出た。この時のような水害が起きた時に命を守るためにすべきことがいくつかある。

一つ目は、「急いで高い所に避難する」ことだ。できるだけ早く浸水しない高台や高い建物のような高い場所に行くと良い。

二つ目は、「ハザードマップ」を事前に確認することだ。安全な場所や避難場所を知っておくとよい。

三つ目は、「家族と合流する」ことだ。家族に連絡してすぐに合流する。

明日、水害が起きると分かっていたら

まずは、避難道具を準備しておこうと思う。非常食や服などを一つにまとめておくと良いだろう。あと、すぐに家族全員で避難しようと思う。避難指示が出てから動くのではなく避難勧告の時点で避難を始めようと思う。

大切！事前準備

災害は突然起きる。なので事前の準備が必要だ。ハザードマップや家族との避難場所や合流場所を決めることは、みんなしているかもしれない。けど避難道具を準備しておいたり学校や住んでいる地域で行われる避難訓練などのあまりしないことでもすんでしていくべきだと思う。

「防災新聞」は、国語科「実社会での情報発信とメディアリテラシー」（本書20ページ）の留意点を踏まえて制作するとよい

総合的な学習の時間

本事例のNIE
新聞活用・新聞機能・新聞制作

事例のアクティブラーニングの重点
主体的・対話的で深い学び

フェイクニュースを見抜く

1 小単元名 **情報社会に生きる――メディアリテラシーを育む**（4時間扱い）

2 本小単元の目標 情報の影響力の大きさに気付き、信頼性の高い情報の必要性と重要性を理解するとともに、フェイク（偽）ニュースの蔓(まん)延する現代社会で生き抜くために、情報の価値や真偽を見極める力を養う。

3 NIEとしての狙い 新聞記事をもとに、国内外に蔓延する偽ニュースの具体的な事例に触れ、その影響力の大きさや危険性を理解する。また、記事の正確性と信頼性の高さを理解するとともに、日常的に新聞を読むことの重要性に気付かせる。

4 本小単元の展開（4時間）

時	主な発問	学習活動（○生徒の反応）	留意点（○資料等）
1	•世界を動かしているものは何だろう •ソーシャルメディア（SNS）など、インターネットの情報について話し合おう	▶世界を動かしているものを考え発表する ○「政治」「経済」「気候変動」「情報」など ▶情報を伝えるメディアの種類を発表する ▶SNSなどインターネットの情報の特徴について話し合う	•自由に発表させながら、「情報」に集約するようにする •SNSなどインターネットの情報には、誤ったものが含まれていることに気付かせる
2（本時）	•身近にあった偽ニュースを発表しよう	▶身近にあった偽ニュースを発表する ○「友達がコロナ感染した」「近くの店でクラスターが起こった」	•偽ニュースを耳にしたときどう思ったかを聞く •自分が偽ニュースの当事者だったらどう思うかを考えさせたい
	•世界を動かした偽ニュースを調べ発表しよう	▶海外の偽ニュースを調べ、話し合う ○「権力を持つ人の発言だから信じてしまう」「デマだと分かるのに、なぜ拡散するのか」「情報の正しさを判断する必要がある」	○資料12 •米議会議事堂襲撃事件や英国EU離脱（ブレグジット）などの出来事も偽ニュースが影響していることを伝える
3	•偽ニュースをつくってみよう	▶エイプリルフールの記事を読む ▶偽情報を入れた記事を書く ○「駅前の銅像　破壊」「大地震　襲来」 ▶記事を読み合い、偽情報を指摘する ○「時刻がおかしい」「根拠があいまい」	○資料3 •地域や社会の出来事を想定して書かせる •個人情報や人権に配慮させる •偽ニュースには、ウケ狙いや悪意もあることに気付かせたい
4	•ファクトチェックの仕方を調べてみよう	▶ファクトチェックの方法を、各自インターネットで調べ、発表する ○「複数のサイトで探す」「複数の媒体で探す」「図書館で調べる」	•ファクトチェックの方法を、生徒に主体的に調べさせるようにする •新聞の情報は、複数の記者や編集者が確認したうえで発信されていることを伝える
	•どのように情報と付き合っていけばよいだろう	▶情報の受け取り方について考えを交流する ○「鵜呑みにしない」「批判的に受け取る」「新聞を毎日読めば、判断基準が身に付く」	•情報をファクトチェックする必要性と、日常から信頼性の高い情報に接することの大切さに気付かせたい

5 本時の板書計画（第2時）

フェイクニュースを知る

○身近なフェイクニュース
•コロナ・震災・放射線
「信じた」「疑った」「確かめたい」
「確かめる方法が分からない」

○海外のフェイクニュース
•ペルーなど…「5Gでコロナ感染拡大」
•ブラジル…「コロナ重症者はいない」
•アメリカ…米議会議事堂襲撃事件
•イギリス…EU離脱　離脱派の勝利

⇒いまだに信じている人が多い
権力者の発言
自分にとって都合のよい発言
⇒事実を確かめる！ファクトチェック

6 資料等

資料1 神奈川新聞 2020年6月24日付

南米 デマ信じ破壊行為 「5Gがコロナ拡散」

【サンパウロ共同】南米ペルーとボリビアで今月、第5世代（5G）移動通信システムが新型コロナウイルスを拡散させるというインターネット上のデマを信じ、住民らが通信施設を壊すなどの騒ぎが起きた。そもそも両国には5Gが導入されておらず、当局は平静を呼び掛けている。

英国でも4月、5Gを巡るデマが背景とみられる携帯電話用電波塔での不審火が相次いだ。世界保健機関（WHO）は「5Gでコロナが拡散されることはない」と強調している。

ペルー中部の村では携帯電話のアンテナ修理に来ていた技術者8人が住民に一時拘束された。住民らは5Gシステムを設置しに来たと勘違いし、アンテナに火を付けた。ボリビア東部サンタクルス近郊ではデモ隊が5G用と勘違いしたネット用アンテナ複数を破壊した。両政府は国内には5Gのアンテナも技術もないとの説明に追われた。

資料2 東京新聞 2021年3月1日付夕刊

陰謀論信奉者らにデマ拡散

「3月4日 トランプ氏が再び大統領に」

SNS大量投稿「Qアノン」

米国の陰謀論「Qアノン」信奉者らに「三月四日にトランプ前大統領が再び就任する」というデマが広がっている。同日が就任式だった二十世紀前半までの慣習にちなむ偽情報だが、ワシントンにあるトランプ系ホテルの当日室料が値上がりするなど、熱狂的な支持者が首都に再び集結するとの観測も強まっている。

（ニューヨーク・杉藤貴浩）

「三月四日、神がわれわれの第十九代大統領ドナルド・トランプを祝福するだろう」。現在、ツイッターなどで投稿を規制されたQアノン信奉者らが集う会員制交流サイト（SNS）「テレグラム」では、こうした書き込みがあふれている。他の内容も「それまでフェイクニュースを信じるな」「数日間はカードやインターネットが使えなくなる。食料、水を準備しよう」などと、まるで革命でも起こるかのような書きぶりだ。

陰謀論に詳しい専門家によると、三月四日説は一九三三年に就任したフランクリン・ルーズベルトまで歴代大統領の就任式が行われていた史実に加え、「ソブリン・シチズン運動」という既存の反体制主義の思想と合体して生まれた。

これは、十九世紀後半以降の米国は陰謀によって国家ではなく株式会社になっており、法に従う義務はないとする荒唐無稽な内容だが、米連邦捜査局（FBI）は「国内テロにつながる脅威」と認定している。

バイデン大統領が四十六代目にもかかわらず、最近のQアノンの書き込みの多くが、トランプ氏を「第十九代」と呼ぶのも、「株式会社化」以降の大統領を認めないとする思想を反映したものだ。

トランプ支持者の動向を調べるジャーナリストのザック・エバーソン氏は「バイデン氏の勝利は不正だとするQアノン信奉者は、一月二十日の就任式に同氏らが投獄か処刑されると信じていたが、実際は何も起こらなかった。そのため就任日自体が違っていたという説に飛び付いた」と指摘する。「そもそもQアノンには固有の思想は少なく、旧来の陰謀論からの寄せ集めも多かった。予言が外れた時、他の過激思想を借用するのもよくあることだ」

Qアノン　民主党や財界などの小児性愛者、「影の国家」が世界を支配すると主張する極右陰謀論。トランプ氏をそれらと戦う救世主とする。熱心な層だけで数十万人とされ、同氏の大統領選敗北で一部の過激化が懸念されている。連邦議事堂襲撃事件にも信奉者が加わっていた。2017年にネットで「Q」を名乗る人物が書き込みを始めた。アノンは、匿名を意味する「ａｎｏｎｙｍｏｕｓ（アノニマス）」に由来。

TRUMP WILL BE SWORN IN ON MARCH 4, 2021 AS THE 19TH PRESIDENT OF THE UNITED STATES OF AMERICA
https://www.bitchute.com/video/VkFSOdHYiwdf/
BitChute
TRUMP WILL BE SWORN IN ON MARCH 4, 2021 AS THE 19TH PRESIDENT OF THE UNITED STATES OF AMERICA
Canadians for the U.S.A.
Nesara, Gesara to be introduced.
TRUMP WILL BE SWORN IN AS 19TH PRESIDENT
15.5K 17:12

㊧SNS「テレグラム」に投稿された、3月4日にトランプ氏が大統領になるとする書き込み＝杉藤貴浩撮影
㊨米ワシントンの連邦議事堂で1月6日、警官隊を押しのけようとするトランプ前大統領の支持者ら＝AP・共同

議会襲撃時と同様 ホテル値上がり

ただ、エバーソン氏が今回注目するのは、ワシントンでトランプ一族が経営する「トランプ・インターナショナル・ホテル」の室料が、三月四日と前日の三日だけ跳ね上がっていることだ。米誌フォーブス（電子版）によると、この二日の室料は基本クラスで約千三百ドル（約十三万六千円）と、通常の二倍以上になっている。

同ホテルは、ワシントンでトランプ氏に関連する政治イベントがあると室料が上がることが知られており、熱狂的な支持者が連邦議事堂を襲った一月六日は、もっとも安い部屋でも八千ドルだったという。

ホテル側は本紙の取材依頼に応じず、今回の室料の上昇が三月四日説に影響されたQアノン信奉者らの予約殺到によるものか、ホテル側の意図的な値付けなのかは判然としない。

エバーソン氏は「今のところ、当日の具体的な場所や時間にQアノン信奉者らの集会が計画されているという情報は把握できない」とする一方、「ホテル室料の値上がり自体が『やはり当日何か起きる』という陰謀論を余計に強めている」と警鐘を鳴らしている。

資料3 北海道新聞 2021年4月1日付夕刊

社名「ボルツワーゲン」に!?

VW米法人発表 実は冗談

【ニューヨーク共同】ドイツの自動車大手フォルクスワーゲン（VW）の米国法人は3月30日、社名を「ボルツワーゲン・オブ・アメリカ」に変更すると発表した。電気自動車（EV）への流れを加速させる中、電圧を表す単位のボルトを掲げたことが会員制交流サイト（SNS）などで話題を呼んだ。だがその後、実はエープリルフールの冗談だと明らかにした。米メディアが報じた。

成長が期待されるEV関連のニュースとして投資家が鋭く反応し、VWの株価は一時、大幅に上昇した。

うそに振り回された形となったメディアの一部は有識者の談話を引用し、株価操作に当たる行為として米証券取引委員会（SEC）が問題視すべきだと訴えた。

特別活動 生徒会

学校の魅力を地域に発信

1 活動名

学校行事や学校の良さを学校新聞にまとめよう（2時間扱い）

2 活動の目標

学校行事や学校の良さを学校新聞にまとめて地域の人に知らせる生徒会活動を通して、計画を立てて役割を分担し、合意形成を図ったり、意思決定したりする。

3 NIEとしての狙い

学校の良さや特徴などの情報を学校外に発信する活動を通して、社会に積極的に関わっていくために必要な資質・能力を育成するとともに、地域とともにある学校づくりを目指す。

4 活動の展開（2時間）

時	主な発問	学習活動／○生徒の反応	留意点／○資料等
1（本時）	【新聞社の出前授業を活用】 ・生徒会がぜひ伝えたい本校の魅力を挙げよう ・学校の魅力を地域の人に広く知ってもらうため、学校新聞を作ろう	▶新聞記者から記事の書き方についてアドバイスをもらう ▶校外学習で訪れた地域の歴史遺産や文化遺産・体育祭・文化祭など、学校の魅力を挙げ、記事を書く ▶各自で文章を書き、記者に添削してもらう ▶記事で紹介する歴史遺産や文化遺産の情報を複数の文献で確認する	○資料**1** ・生徒の挙げる項目を分類整理し、学校新聞に載せる記事と担当者を決定する ・校外学習で講話をしてくれた方々に内容を確認するとともに、学校新聞として公表する許諾を得る ・記者による出前授業でなく、教師が指導してもよい
2	・各自が書いてきた文章を推敲（すいこう）しよう	▶各自の文章を、よりよいものになるよう練り上げる	・記者に添削してもらった原稿を読み返し、文章の構成や字句を再考させる ○添削された原稿（**資料2**）
	・読み手を引きつける見出しをつけよう	▶8～12字の範囲で見出しを考える ○「キーワードは何かな」「言葉の順序を入れ替えた方が強調される」	・限られた字数の中で効果的に伝え、読み手の心に届く見出しになるように工夫させる

※後日、学校新聞は新聞に掲載された（**資料3**）

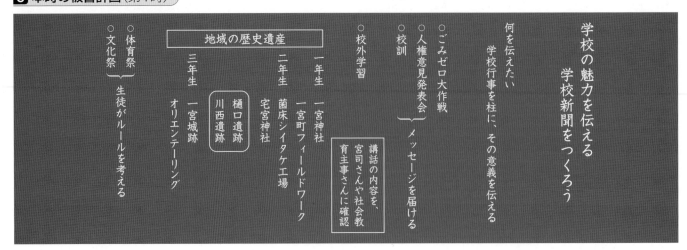

5 本時の板書計画（第1時）

学校の魅力を伝える
学校新聞をつくろう

何を伝えたい
学校行事を柱に、その意義を伝える

○ごみゼロ大作戦
○人権意見発表会
○校訓
→メッセージを届ける

○校外学習
講話の内容を、宮司さんや社会教育主事さんに確認

地域の歴史遺産
一年生　一宮神社
一宮町フィールドワーク
二年生　菌床シイタケ工場
宅宮神社
樋口遺跡
川西遺跡
三年生　一宮城跡
オリエンテーリング

○体育祭
○文化祭
→生徒がルールを考える

6 資料等

資料1 出前授業での資料

5W1Hをもとに新聞記事を書く

取材メモ

1、いつ＝6月21日
2、どこで＝徳島市上八万中学校
3、だれが＝全校生徒が
4、何をした＝徳島新聞社の井上さんから記事の書き方を教わった
5、なぜ＝学校の活動を新聞で発表するため
6、どのように＝スライドを使って
7、新聞記事の特ちょうは逆三角形
8、取材の基本は5W1H
9、生徒は「学校新聞作りに役立てたい」と熱心に話を聞いていた

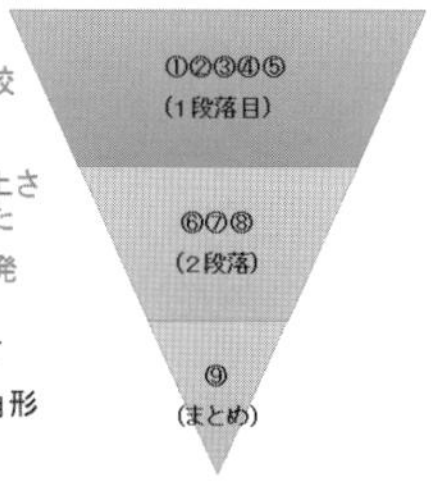

資料2 添削された原稿

歴史ロマン街道

上八万中学校の校区には古くからの遺跡・遺構が点在する。5月10日の校外学習では、学年ごとに校区の史跡を探訪し、ふるさととの良さを再確認した。それぞれの学年が見つけたふるさと自慢を紹介する。

1年生は一宮神社を訪れ、徳島市社会教育課の宮城一木さんからお話を伺った。平安時代の式内社で、「一宮」は阿波国随一の神社に対して与えられる尊称とのことであった。また、本殿は一六三〇年に再建され、現在は国の重要文化財に指定されているとのことである。御祭神大宜都比売（おおげつひめの）命（みこと）は衣・食・農業関連の神で、そのため、御神紋に粟の字があしらわれていることを教わった。生徒たちはお話を熱心に聞いていた。

2年生が訪れたのは宅宮神社だ。宮司の河野通宣さんによると、千年以上前の書物「延喜式」にその名を刻まれている由緒ある神社だ。主祭

・非常に上手に書けており、よく分かる原稿です。難しい言葉の説明を加えたり、多少短くしたりしただけです。修正箇所は傍線を引いておきます。漢数字は洋数字に変えました。

←

徳島市の上八万中学校の校区には古くからの遺跡・遺構が点在する。5月□日の校外学習では、学年ごとに校区の史跡を探訪し、ふるさととの良さを再確認した。それぞれの学年が見つけたふるさとと自慢を紹介する。

1年生は一宮神社を訪れ、徳島市社会教育課の宮城一木さんから話を伺った。

式内社と呼ばれる平安時代の格の高い神社であり、「一宮」は阿波国随一の神社に対して与えられる尊称とのことだった。本殿は1630年に再建され、現在は国の重要文化財に指定されている。御祭神大宜都比売（おおげつひめの）命（みこと）は衣・食・農業関連の神で、御神紋に粟の字があしらわれていることを教わった。生徒たちは話を熱心に聞いていた。

2年生が訪れたのは宅宮神社だ。宮司の河野通宣さんによると、千年以上前の書物「延喜式」に名が刻まれている由緒ある神社だ。主祭神は大苫邊（おおとまべの）尊（みこと）で、全国で唯一の家を守る神様だという。毎年、8月15日には、県の重要無形文化財の「神踊り」が奉納されている。

その後、上八万町コミュニティセンターで、徳島県文化資源活用課の西本和哉さんから川西遺跡について教わった。

川西遺跡は、鎌倉時代から室町時代のもので、石積みの護岸を施した遺跡としては、国内最古といわれている。今は埋め戻されているが、立派な船着き場がある川湊（かわみなと）で、佐賀の伊万里焼から愛知の瀬戸焼などを出土し、政治だけでなく経済的にも阿波の中心だったそうだ。

その他にも、上八万小学校を中心に広がる下中筋遺跡や樋口の古墳群について学習した。

生徒たちは、自分たちの暮らす地域が、古くから全国各地の人々との交流が活発な地域だったことを知った。

3年生が訪れたのは、続日本百名城に選ばれ、観光スポットとして話題の一宮城跡。鎌倉時代に小笠原長宗（後の一宮氏）の命により築かれ、1583年、蜂須賀家政に滅ぼされるまで、約280年間、阿波国の政治の中心だった。

標高144メートルの本丸には、大規模な石垣が組まれており、見応え十分だった。生徒からは「登るのはたいへんだけど、山頂の景色は町全体を見渡せて壮観だった」「このような史跡が私たちの住む近くにあることを誇りに思う」などの感想が寄せられた。（伊丹礼・田村彩香・髙橋千里・西林彩乃・岡友麻・行部祐真・松岡麻衣・東條咲希）

資料3 徳島新聞 2019年7月27日付朝刊

上八新聞 中

上八万中学校（徳島市下町本丁）
前林良典校長

生徒数　153人
編集長　粟田莉子
題字　久保梓月
　　　東條咲希

この紙面は2、3年生の生徒会役員19人が作りました。

地元の良さ再確認

上八万中生 校外学習で史跡探訪

一宮神社　宅宮神社　川西遺跡　一宮城跡

徳島市の上八万中学校の校区には古くからの遺跡・遺構が点在する。5月10日の校外学習では、学年ごとに校区の史跡を探訪し、ふるさとの良さを再確認した。それぞれの学年が見つけたふるさと自慢を紹介する。

【上】右側の本殿が国の重要文化財に指定されている一宮神社で歴史を学ぶ1年生＝徳島市一宮町
【下】宅宮神社を訪れた2年生＝同市上八万町

一宮神社

1年生は一宮神社を訪れ、市教委社会教育課の宮城一木さんから話を伺った。

式内社と呼ばれる平安時代の格の高い神社であり、「一宮」は阿波国随一の神社に対して与えられる尊称とのことだった。本殿は1630年に再建され、現在は国の重要文化財に指定されている。御祭神の大宜都比売命は衣・食・農業関連の神で、御神紋に粟の字があしらわれていることを教わった。生徒は話を熱心に聞いていた。

宅宮神社

2年生が訪れたのは宅宮神社だ。宮司の河野通宣さんによると、千年以上前の書物「延喜式」に名が刻まれている由緒ある神社だ。主祭神は大苫邊尊で、全国で唯一の家を守る神様だという。毎年、8月15日には、県の無形民俗文化財の「神踊り」が奉納されている。

川西遺跡

2年生は続いて上八万町コミュニティセンターで、県文化資源活用課の西本和哉さんから川西遺跡について教わった。

川西遺跡は、鎌倉時代から室町時代のもので、石積みの護岸を施した遺跡としては、国内最古であるともいわれている。今は埋め戻されているが、かつては立派な船着き場がある川湊で、将棋の駒や漆器、仏具とともに木簡も出土し、古くから全国各地の人々との交流が活発な地域だったという話を興味深く聞いていた。

その他にも、上八万小学校を中心に広がる下中筋遺跡や樋口の古墳群について学習した。

生徒たちは、自分たちの暮らす地域が、政治だけでなく経済的にも阿波の中心であったことを知った。

川西遺跡を見学する上八万中生＝2009年、同市上八万町

一宮城跡

3年生が訪れたのは、続日本百名城に選ばれ、観光スポットとして話題の一宮城跡。鎌倉時代に小笠原長宗（後の一宮氏）の命により築かれ、1583年、蜂須賀家政に滅ぼされるまで約280年間、阿波国の政治の中心であった。

標高144㍍の本丸には大規模な石垣が組まれており、見応え十分である。生徒からは「登るのはたいへんだが山頂の景色は町全体を見渡せて壮観だった」「このような史跡が私たちの住む近くにあることを誇りに思う」などの感想が寄せられた。（伊丹礼・田村彩香・髙橋千里・西林彩乃・岡友麻・行部祐真・松岡麻衣・東條咲希）

一宮城の本丸跡には大規模な石垣が組まれたまま残っている＝同市一宮町

体育祭 生徒が創造

ムカデ競走で団結力発揮

伝統のムカデ競走で団結力を見せる3年生

上八万中学校の体育祭には二つの伝統がある。一つは、1種目だけ生徒が自分たちで競技を考えること。もう一つは、3年生の団体競技「ムカデ競走」である。今年も5月26日、上中生は自ら編み出した競技を楽しみながらグラウンドを駆け抜けた。

生徒が競技を考える理由は、生徒の意見を反映させて、生徒中心の体育祭をつくり上げるためだ。今年、生徒が発案した競技は▽引いたカードの個数の段ボールを運ぶ「運命の引っ越し屋」（1年生）▽華道家やマッサージ師などの職業を演じながら走る「Let's職業体験」（2年生）▽借り人とミッションをクリアする「俺の借り人どこ行った？」（3年生）だった。

このうち3年生の「俺の借り人どこ行った？」では、借り人といっしょに電車ごっこをするなど、息を合わせたパフォーマンスが繰り広げられ、見守る生徒から拍手や声援が飛び交っていた。

ムカデ競走は、約20年前から行われている体育祭の看板競技だ。全員で息を合わせなければうまくいかず、生徒同士の団結力が試される。この日はチーム一丸となった走りが見られ、大いに盛り上がった。

9月8日には文化祭がある。こちらも生徒がルールをつくる。今は、それぞれの思いを胸に準備に取り組んでいる。（岡崎凱・小林千咲都・佐野謙介・長倉安里）

校訓「敬和」への思い語る

全校生徒が人権作文執筆

上八万中学校の校訓は「敬和」である。毎年、新たな顔ぶれがそろう4月には、自分や仲間について考えを深める授業が全学年で行われるほか、7月には人権意見発表会も開かれている。

敬和とは「人は誰しもかけがえのない存在であり、互いを敬い、支え合って、自分も周りの人も大切にしていこう」という意味を持っている。日ごろの人権学習にも「差別をする側にもされる側にもなってほしくない」という先生方の熱い思いが込められ、敬和の精神は学校生活に浸透している。

人権学習の一環として、毎年生徒全員が人権作文を執筆、人権意見発表会で披露している。今年は7月10日に行われ、各クラスの代表が、それぞれの思いを語った。その後の意見交換会では「相手の気持ちを考えて行動していきたい」などと積極的に意見を述べ合った。人権への意識が高まった会になった。（粟田莉子・久保梓月・久保結誠・東野由香）

互いを敬う気持ちの大切さを共有した人権意見発表会

通学路をごみゼロに

生徒100人 環境を美しく

徳島市の上八万中学校区で6月20日、ごみゼロ大作戦が行われた。5月30日の「ごみゼロの日」にちなんだ行事で、生徒会と各部活生、ボランティアの生徒を含め約100人が参加。手分けして学校周辺の通学路のごみを拾い集めた。

ごみゼロ大作戦で車道沿いに捨てられていた空き缶などを拾う生徒

ごみゼロ大作戦は、粟田莉子生徒会長＝3年＝の「楽しい学校生活を送るためには、周りの環境も美しくして身も心もフレッシュに」という呼び掛けで生徒によるボランティア活動として今年から始まった。

この日は放課後、生徒たちは県道208号沿いをはじめ、ため池のある西地区、さらに一宮地区の3方面に分かれて清掃を行った。通行量の多い国道沿いでは路肩に空き缶やペットボトルなどがたくさん捨てられており、持参したポリ袋に回収。半時間で10袋分が集まった。

3年生の福田木乃花さんは「地域がきれいになってうれしい。これからも続けていきたい」と話していた。（石井苺花・尾崎莉々子・瀧倉唯菜）

地域を誇る思い 紙面製作に込め

上八万中学校の新聞づくりでは、5月に行われた校外学習を中心に、校区のふるさと自慢について取り上げました。歴史ある自分たちのふるさとに誇りを持っている生徒たちの記事が見どころです。

新聞づくりを行う中で、2度にわたって徳島新聞社の講師の方からご指導をいただきました。生徒たちは、読者の立場になって考え、自分たちの学校や校区について少しでも知ってもらうためにはどのように書けばよいか、お互いに意見を出し合い、積極的にインタビューを行い、よりよい記事づくりに努めました。今回の新聞を通して、読者の皆さまにも、生徒たちの学校やふるさとに対する思いが伝わればよいと思います。

紙面製作に当たり、ご協力いただいた皆さまには、この場を借りて改めてお礼を申し上げます。今回の経験を、これからの学習や学校生活にも生かしていきたいと思っています。（生徒会担当教諭）

編集長リレートーク

長原小→上八万中→瀬戸中

防災学習は大切だね

「瀬戸節」を守って！

前回は長原小学校の皆さんが、南海トラフ巨大地震に備えた防災学習や訓練の様子を紹介してくれました。

私たちは、わずか一カ月という短い期間に、皆で協力して初めての新聞製作を行いました。苦戦したのは、限られた文字数の中で、情報をいかに分かりやすく表現するかということです。特に史跡の記事では各所の長い歴史を簡潔にまとめなければならず、とても難しく感じました。

しかし、今回の体験を通して、自分たちの学校や地域の素晴らしさを再確認できたように思います。改めてふるさとを思う心の大切さを知りました。

頭を悩ませながらも一生懸命作ったこの新聞を、ぜひたくさんの人に読んでもらい、上中や校区の良さを知ってもらえればと思います。

次回は鳴門市瀬戸中学校の皆さんが、地域の伝統「瀬戸節」を守り継ぐ取り組みを紹介してくれます。（粟田莉子）

本事例のNIE

新聞活用・新聞機能・新聞制作

事例のアクティブラーニングの重点

主体的・対話的で深い学び

課外

社会への自分の意見を持とう

1 活動名　**短学活を利用して自分の意見を書く「NIE タイム」**（複数回）

2 活動の目標　記事を読んで自分の意見を200字程度の短作文にまとめ、班で回し読みをする活動を通して、多様な考えに触れ、価値観の違いに気付き、社会に対する興味・関心や思考力・判断力・表現力などを育む。

3 NIEとしての狙い　新型コロナウイルスなど生徒の関心をひきやすい記事や実践当日の記事から、今社会で起こっている事柄について多面的・多角的に学び、意見を形成することで、主体的に世の中を見つめ、考える力を培う。事実をもとにしたさまざまな考え方があることに気付かせる。

4 活動の展開（4回分）

回	主な発問	学習活動／○生徒の反応	留意点／○資料等
1	• 核兵器禁止条約に日本が参加しないことについて、どう思うか	▶新聞記事を読み、意見を書く（10分間） ▶短作文を班で回し読む（5分間） ○「参加するためには、安保条約を見直す必要がある」「日本は参加すべきだ」「禁止条約に核保有国が加盟していないので、必要なのか疑問だ」	○資料 • 日本は現在アメリカの「核の傘」に守られていることを補足説明する
2	• 女性・女系天皇についてどう思うか	▶新聞記事を読み、意見を書く ▶短作文を班で回し読む ○「世論調査では大半が女性天皇に賛成。国民の意見を反映しないのはなぜ」「伝統や文化を尊重すべきだ」	• 現在の皇室に男性が少ないことを補足説明する
3	• 新型コロナウイルスの感染者数が過去最多を更新する中、GOTO事業の継続をどう思うか	▶新聞記事を読み、意見を書く ▶短作文を班で回し読む ○「経済と感染防止を両立するために、ネット注文を活性するべきだ」「命を守るためには国が規制を厳しくすべきだ」「自由な判断を尊重すべきだ」	• 飲食自営業の家庭に配慮しつつ、経済との両立のために自分たちができることについて考えさせる
4	• 国際男性デーに関し、男性差別についてどう思うか	▶新聞記事を読み、意見を書く ▶短作文を班で回し読む ○「女性差別ばかり問題視していると感じた。男性もつらいのではないか」「差別と区別は異なる」	• 身近に隠れているさまざまな男性差別の例を挙げてから作文を書くことで、想像しやすくする

5 各回の板書計画

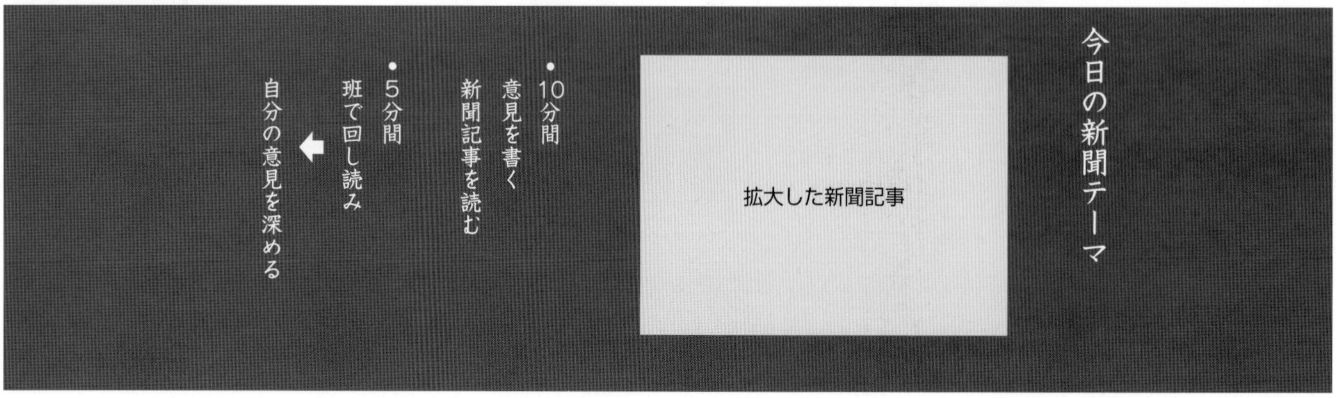

6 資料等

資料 西日本新聞 2020年10月26日付朝刊

核兵器禁止条約1月発効

開発、威嚇、使用許さず

批准50カ国・地域 日本は不参加堅持

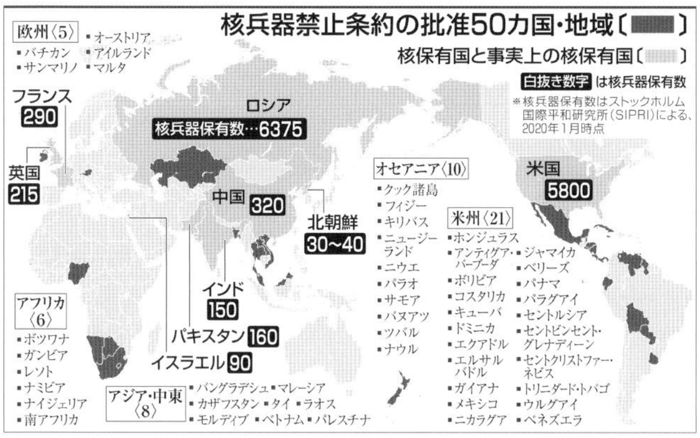

【ニューヨーク共同】核兵器の開発から使用まで一切を全面禁止する核兵器禁止条約の批准数が24日、発効に必要な50カ国・地域に達した。国連が明らかにした。90日後の来年1月22日に発効する。「核なき世界」実現を求める国際世論の後押しを受け、核兵器を非人道的で違法と断じる初の国際規範が生まれる。核軍縮を保有国に迫る強い圧力となることが期待されるが、米ロや米中の対立など世界の安全保障環境は厳しく、軍縮進展は容易でない。

【3面に「読み解く」、2、22、23面に関連記事】

米英仏ロ中の五大保有国は参加を拒否、他の保有国イスラエル、インド、パキスタン、北朝鮮も参加しておらず、実効性が課題だ。米国の「核の傘」に頼り同盟関係を重視する日本は安全保障上の理由から参加せず、被爆者を中心に国内で参加を求める声が高まっている。

不参加国には条約順守義務がなく、実効性を高めるためには批准国を増やすことが必要で、条約推進派は保有国や核の傘依存国に参加を促す動きを活発化させそうだ。米国は複数の国に批准撤回を強く要求している。

50番目の批准国はホンジュラス。国連のグテレス事務総長は「原爆投下や核実験の被害を受けた（被爆者ら）生存者をたたえるもの」と条約発効を評価。非政府組織（NGO）「核兵器廃絶国際キャンペーン」（ICAN）のフィン事務局長は「核軍縮の新たな区切りとなった」と強調した。

新型コロナウイルス流行の影響で来年に延期された5年に1度の核拡散防止条約（NPT）再検討会議で、禁止条約が推進国と保有国との火種になるのは確実。米ロの新戦略兵器削減条約（新START）は来年2月が失効期限で、米ロ中の軍拡競争が懸念されるなど核軍縮の前途は多難だ。

禁止条約は前文で「ヒバクシャの受け入れ難い苦しみに留意する」と明記し、核兵器の開発、実験、保有、使用などを全面的に禁止。使用の威嚇も禁じることで核抑止力を否定した。非締約国にも2年に1回の締約国会議や発効5年後の再検討会議にオブザーバー参加を認める規定を設けた。

2017年7月7日に国連で122カ国・地域の賛成で採択された。

核兵器禁止条約のポイント

- 核兵器の使用で引き起こされる破滅的な人道上の結末を深く懸念
- ヒバクシャの受け入れ難い苦しみに留意
- 核兵器の使用、使用の威嚇を禁止
- 核兵器の開発、実験、保有を禁止
- 核兵器の移譲を禁止
- 核兵器開発への支援を禁止

核兵器禁止条約

核兵器の開発や実験、保有、使用などを全面的に禁止する史上初の条約。前文で核兵器使用による被爆者の受け入れがたい苦しみに留意すると明記した。2017年7月7日、国連で122カ国・地域の賛成により採択され、同9月に署名・批准を開始した。署名・批准国には中南米やアフリカ、オセアニアの小国が多く、米ロなど核保有国は条約自体に反対している。米国の「核の傘」に入る日本は不参加。（共同）

ワードBOX

ゴールではない

田上富久長崎市長　被爆者の訴えが源流になり、世界を巻き込んだ。被爆75年の年に条約発効が決定し、深い感慨と喜びを覚える。だが、ここがゴールではない。条約の実効性を高めるため日本政府に署名と批准を求める。できなければせめて、締約国会議へのオブザーバー参加を求めたい。

政府は努力して

松井一実広島市長　核兵器は絶対悪だという被爆者と市民の思いを国際社会が受け止めた結果だ。今後、条約を遂行していく具体的措置に関する議論が始まる。日本政府には条約を実効性のあるものにしていくため努力してほしい。

保有国不在 実効性に疑問

【解説】年明けに発効する核兵器禁止条約は核兵器の使用や保有など関連する活動を幅広く法的に禁止する条約だ。核拡散防止条約（NPT）は核兵器自体を禁止しておらず、核兵器禁止条約は核廃絶の法的基盤となり得る。

条約発効により国際社会で反核世論が強まり、核抑止力に頼る国への圧力になる可能性がある。条約は非核保有国の大半が支持しており、非政府組織（NGO）は「核兵器は違法」という認識を世界で広く定着させ、核軍縮や核廃絶につなげたい考えだ。

条約には具体的な軍縮に向けた措置は盛り込まれておらず、現状では核保有国の加盟も見通せないため核軍縮の実効性という点では疑問符が付く。ただ、発効により核兵器に関連する活動が国際法違反と見なされ、核保有国が核兵器の移転や原料の輸出入などをしにくい状況ができれば、核保有国の「行動変容が起きる」（ICANの川崎哲国際運営委員）可能性が期待される。

一方、条約の非加盟国であっても、締約国会議にオブザーバーとして参加できる。軍縮を議論する新たな場になる可能性があり、今後日本の参加も焦点となりそうだ。オブザーバー参加する国は、会議の費用を国連の分担金比率に応じて負担する必要がある。

拓殖大学の佐藤丙午教授（国際関係論）は「NGOは日本が（核保有国と非保有国の）橋渡しをするならオブザーバー参加すべきだと訴えるだろう」と指摘。「一回参加すると、その後やめるのは政治的に難しい。資金を拠出して実効性に乏しい条約を支えていく選択をするかという判断になる」と話す。（ニューヨーク時事）

各回のテーマは教師だけでなく、生徒が主体的に決めてもよい

教科・領域での活用 執筆者一覧（50音順、敬称略、所属・肩書きは執筆時点）

伊藤　大介（静岡聖光学院中学校・高等学校教諭）	地理 30㌻、歴史 34㌻、公民 44㌻
大井　育代（徳島市上八万中学校教頭）	国語 10㌻、総合 64㌻、特活 72㌻
黄　俐嘉（世田谷区立緑丘中学校教諭）	英語 54㌻
木幡　佳子（宮崎県立宮崎西高等学校附属中学校指導教諭）	地理 24㌻
齋藤　美佳（大崎市立岩出山中学校教諭）	英語 52㌻、道徳 56㌻
齊藤　幹郎（あわら市金津中学校教諭）	技術・家庭 50㌻
佐藤美登里（竹田市立緑ヶ丘中学校教諭）	国語 18㌻、総合 62㌻
高橋　恵子（倉敷市立真備中学校教諭）	国語 14㌻・20㌻、総合 68㌻
津吹　卓（十文字学園シニアフェロー 元十文字中学・高等学校教諭）	理科 48㌻
中嶋美代子（東朋高等専修学校教諭 元北九州市立東郷中学校教諭）	国語 16㌻、道徳 60㌻、課外 74㌻
中村　和彦（東御市立東部中学校教頭）	歴史 32㌻、公民 38㌻、総合 66㌻
細江　隆一（川辺町立川辺中学校教諭）	国語 6㌻・22㌻
細川　雅行（常陸太田市立瑞竜中学校教諭）	地理 26㌻、公民 42㌻
前野　勝彦（高松市立香東中学校教頭）	数学 46㌻
松井　初美（香取市立新島中学校教諭）	国語 8㌻・12㌻
山本　悦生（津和野町立津和野中学校教諭）	地理 28㌻、歴史 36㌻、公民 40㌻
渡邉　是能（世田谷区立船橋希望中学校教諭）	道徳 58㌻

◉監修

関口　修司（日本新聞協会 NIE コーディネーター）	総合 70㌻